Edgar Kollmar

Herausforderung Anthroposophie

R. BROCKHAUS

R. Brockhaus Taschenbuch Bd. 477

Umschlaggestaltung: Carsten Buschke, Solingen
Gesamtherstellung: Breklumer Druckerei Manfred Siegel KG
ISBN 3-417-20477-1

INHALT

VORWORT

Im Herbst 1989 erschien eine bemerkenswerte Novität auf dem deutschen Buchmarkt: Unter dem Pseudonym »Andreas Binder« veröffentlichte ein in exponierter Stellung wirkender evangelischer Theologe der württembergischen Landeskirche eine Schrift, in welcher er den Versuch unternimmt, seiner Landeskirche und dem »kirchlichen Leser«[1] den »grundlegend christlichen Charakter«[2] der von Rudolf Steiner entwickelten Anthroposophie aufzuzeigen. Es geht dem Autor jedoch nicht nur darum, allgemein über die von ihm als christlich erkannte Anthroposophie zu informieren, sondern er geht noch einen Schritt weiter, indem er erklärt: »Die Kirche der Reformation müßte, wenn sie sich recht versteht, in der Interpretation der christlichen Grundlehren durch die Anthroposophie ihr *eigenes Anliegen* (Hervorhebung durch E.K.) wiedererkennen.«[3]

Dieser Appell an die Kirchen der Reformation ergibt sich notwendigerweise aus der Feststellung Binders: »Die Anthroposophie ist in ihrem Kern und in ihrer Gesamtheit ein Zur-Sprache-Bringen des Evangeliums in diesem *weltumspannenden* und *wahrhaft zeitgemäßen* Sinn!«[4] (Hervorhebung durch E.K.)

Mit großer denkerischer Kraft und systematischer Durchdringung der gewaltigen Stoffmasse Steinerscher Bücher und Vorträge entfaltet der Autor vor dem geistigen Auge des Lesers das gewaltige Drama der Entwicklung des Kosmos in Vergangenheit und Zukunft, der physischen und geistigen Evolution der Menschheit und der Inkarnation des Christus, wie sie die Anthroposophie als Ergebnisse der Steinerschen Geisteswissenschaft versteht. Der Leser wird auf einen Gedankengang mitgenommen, auf welchem ihm Schritt für Schritt die Erkenntnis zuwachsen soll, daß die Anthroposophie ihrem Wesen nach eine christliche Bewegung sei.

Da die anthroposophische Bewegung selbst den Anspruch erhebt, die auf ihrem Schulungsweg erlangten Erkenntnisse des Kosmos, des Menschen und des Christus seien die wahrhaft zeit- und sachgemäßen, gilt es, die Arbeit Binders ernsthaft zu prüfen.

In der folgenden Untersuchung soll dargelegt werden, welche Voraussetzungen für das anthroposophische Denken und Erkennen bestimmend sind. Es soll untersucht werden, nach welcher Methode und durch welche gedankliche Voraussetzungen und Verknüpfungen die Anthroposophie zu ihrer Deutung des Menschen und des Kosmos gelangt.

Die Darstellung Binders ist nach meiner Überzeugung ein großer Versuch, den anthroposophischen Erkenntnisweg als eine dem christlichen Glauben entspringende und diesen entfaltende Form christlicher Existenz nachzuweisen.

Das Scheitern dieses Versuches liegt in der Sache selbst begründet. Nur durch das beharrliche Verschweigen entscheidender Einsichten anthroposophischer Welterkenntnis, nur durch das bewußte Ausblenden essentieller anthroposophischer Denkkategorien konnte Binder zu den am Anfang zitierten Aussagen gelangen. Dies nachzuweisen ist der Gegenstand der vorliegenden Untersuchung.

Es sei mir noch eine methodische Vorbemerkung erlaubt: Als Schüler der »Mutterschule« aller Waldorfschulen, Stuttgart-Uhlandshöhe, und als Teilnehmer mancher anthroposophischer Seminare, Gesprächskreise und Lesezirkel sind mir die grundsätzlichen Einwände gegen jede Form kirchlich-theologischer Kritik wohl vertraut. Ich weiß, wie leicht von »klerikaler Überheblichkeit« gesprochen wird, wenn es jemand von kirchlicher Seite wagt, ein Fragezeichen hinter eine Aussage Rudolf Steiners zu setzen. Mir ist wohlbekannt, daß man kirchlichen Theologen grundsätzlich jede Berechtigung zu kritischen Äußerungen über die Anthroposophie abspricht, da sie ja in ihrem

Denken – und erst recht in ihrem Erkennen! – nicht auf der Höhe der modernen Zeit stehen. Das Stichwort »Bewußtseinsseele« möge dem Kundigen an dieser Stelle genügen.

Johannes Kiersch vom »Institut für Waldorfpädagogik Annener Berg« in Witten beobachtet seit längerer Zeit die Publikationen, die sich kritisch mit der Anthroposophie auseinandersetzen. In Heft 15 der »Flensburger Hefte« schreibt er: »Rudolf Steiner hat an einer bestimmten Vortragsstelle einmal klargestellt, daß die ausgeprägtesten Lügner die Theologen sind, schlimmer noch als die Presse und die Diplomatie. Also die unbefangensten Lügen werden heute von Geistlichen über uns verbreitet, aus dem verständlichen Bedürfnis, die Schäfchen abzuschrekken.«[5]

Ich möchte hier in aller Deutlichkeit feststellen, daß ich dieses Buch nicht geschrieben habe, um über irgend jemand Lügen zu verbreiten; es ging mir auch nicht darum, »Schäfchen« vom Studium der Anthroposophie abzuhalten. Diese Art von billiger Polemik möchte ich in aller Schärfe zurückweisen. Sie ist primitiv und dient niemandem – am wenigsten der Klärung geistiger Sachverhalte.

Finden sich inhaltliche Fehler in meiner Darstellung, so möge man es mir mitteilen, und ich werde sie korrigieren. Bisher wurde mir auf vielen öffentlichen Veranstaltungen von anthroposophischen Teilnehmern stets bescheinigt, daß ich sachgerecht und korrekt die Positionen Steiners wiedergegeben habe.

Auch habe ich während meiner Schulzeit keine traumatischen Schäden erlitten, die ich nun durch dieses Buch aufzuarbeiten hätte. Ferner wurde ich weder von einer Kirchenleitung noch vom »Distel-Bund« (einer Vereinigung von Menschen, die verletzende Erfahrungen in anthroposophischen Einrichtungen gemacht haben) beauftragt, mich dieser Arbeit zu unterziehen.

Schließlich ist es mir auch bewußt, wie schnell jemandem, der Steiners Anliegen wohl verstanden, sich aber dennoch mit klarem und wachem Bewußtsein nicht zum anthroposophischen Weg entschlossen hat, ein böser Wille unterstellt wird. Ich möchte also meine anthroposophischen Leser einfach bitten, das zu tun, was Rudolf Steiner in seinen Seminaren und Vorträgen von allen Teilnehmern gefordert hat, nämlich die folgenden Ausführungen vorurteilsfrei, mit wachem Geist und sachgemäßem Denken in sich aufzunehmen. Das offene und vorurteilsfreie Hören ist ja nach Steiner die Voraussetzung dafür, daß Menschen einander in rechter Weise wahrnehmen und verstehen. In dieser Haltung können dann – um der erkannten Wahrheit willen! – die vorhandenen Unterschiede in aller Klarheit aufgezeigt und benannt werden. Diese geistige Haltung, der es allein um eine sachgemäße Klärung geht, war für mich beim Abfassen dieser Arbeit bestimmend.

In der Methodik der Darstellung habe ich mich darum bemüht, Steiner möglichst ausführlich zu Wort kommen zu lassen. Bei Nachgesprächen zu meinen Vorträgen habe ich oft bemerkt, daß nur wenige Zuhörer – auch solche, die sich selbst als Anthroposophen bezeichneten – Steiner in seinen Originalschriften gelesen hatten. Das kann zu Mißverständnissen führen, die ihren Grund allein in der Unkenntnis der Steinerschen Quellen haben. Solchen Mißverständnissen will ich durch eine ausführliche Zitation Steiners vorbeugen.

Er selbst charakterisiert die von ihm gewählte Darstellungsart in seiner Einleitung zur »Geheimwissenschaft«: »Ich habe ganz bewußt angestrebt, nicht eine populäre Darstellung zu geben, sondern eine solche, die notwendig macht, mit rechter Gedankenanstrengung in den Inhalt hineinzukommen. Ich habe damit meinen Büchern einen solchen Charakter aufgeprägt, daß deren Lesen selbst schon der Anfang der Geistesschulung ist. Denn die ruhige, besonnene Gedankenanstrengung, die dieses Lesen notwendig macht, verstärkt die Seelenkräfte und macht sie dadurch fähig, der geistigen Welt nahe zu kommen«.

Auch aus diesem Grund ist es nach meiner Überzeugung notwendig, Steiner in seiner eigenen Sprache aufmerksam zuzuhören.

Es geht mir in dieser Arbeit darum, die strukturelle Unvereinbarkeit Steinerschen Denkens – und Schauens! – mit der biblischen Botschaft des Alten und Neuen Testaments aufzuzeigen. Darüber hinaus soll dieses Buch denjenigen Lesern Orientierung bieten, die mit dem anthroposophischen Gedankengebäude über die Waldorfschule in Berührung gekommen sind. Für sie werden in einem besonderen Kapitel knapp die weltanschaulichen Grundlagen der Waldorfpädagogik dargestellt.

Zum Verständnis Steinerschen Denkens ist es nicht nötig, alle 354 bisher erschienenen Bände der Dornacher Gesamtausgabe durchzuarbeiten, wie manchmal von anthroposophischer Seite behauptet wird. Das Prinzip seines Denkens läßt sich exemplarisch an einzelnen wichtigen Schriften darstellen. Dieser Weg der Darstellung scheint mir vom Gegenstand her der angemessenste, um die im Titel angesprochene Problematik deutlich zu machen.

Der katholische Theologe Berhard Grom stellt in seiner gründlichen Untersuchung »Anthroposophie und Christentum« fest: »Anthroposophen lehnen es meistens grundsätzlich ab, daß man Steiners Ansichten in allgemeine Weltanschauungskategorien einordnet, auch wenn man dabei bemüht ist, seiner Eigenart Rechnung zu tragen.«[6] Dennoch habe ich mich entschlossen, in den Text einige Übersichtstafeln einzuarbeiten, die dem Leser, der sich zum ersten Mal mit den Gedankengängen Steiners auseinandersetzt, die Beschäftigung mit der anthroposophischen Geisteswelt erleichtern sollen.

Die Übersichtstafeln wurden bewußt sehr einfach gestaltet, sie beschränken sich auf die notwendigsten Informationen zu einem bestimmten Sachverhalt und wollen helfen, bestimmte Strukturen auf einen Blick zu erkennen. Sie erheben daher auch keinen Anspruch auf tabellarische

Vollständigkeit. Man erspare mir also den Vorwurf, sie seien nicht differenziert genug gestaltet. Sie können nicht differenzierter sein, wenn sie dem in der Anthroposophie Unkundigen gewisse Grundstrukturen in Steiners Denken graphisch deutlich machen wollen. Der in der Anthroposophie bewanderte Leser möge sie getrost überschlagen, für ihn wurden sie nicht erstellt.

Ich danke an dieser Stelle Frau Leoni Eisinger, die während vieler Stunden das Manuskript tippte. Ohne ihre treue und zuverlässige Mithilfe hätte diese Arbeit neben meinen Verpflichtungen in Schule und Gemeinde nicht bewältigt werden können.

Mein weiterer Dank gilt den Herren Walter Schmidt und Erich Stribel, die mir Mut zu dieser Arbeit machten.

Ich widme das Buch allen Mitarbeiterinnen und Mitarbeitern unserer Gemeinde in Flacht, die in großer Treue und Hingabe dafür beten und arbeiten, daß das Reich Gottes unter uns sichtbar und erlebbar wird. Ihnen soll dieses Buch eine Orientierung in der Verworrenheit unserer Zeit sein, damit sie den nicht aus den Augen verlieren, der sie in den Dienst für seine Gemeinde berufen hat (Johannes 6,68).

Weissach-Flacht, im Januar 1992

Edgar Kollmar

1. Wie christlich ist die Anthroposophie?

So nennt Binder sein Buch. In diesem Titel faßt er die ihn leitende Fragestellung zusammen: Ist die Anthroposophie aus der Sicht tradierter reformatorischer Theologie eine christliche Bewegung?

An dieser Stelle ist eine präzise Klärung des Begriffs Anthroposophie notwendig, da sonst die begriffliche Unklarheit zu gedanklicher Ungenauigkeit führt.

Wenn die Anthroposophie »das Geistige im Menschenwesen zum Geistigen im Weltall führen möchte«[1], dann ist genau hinzusehen, wie sie das tut. Seit den Anfängen gilt für die anthroposophische Bewegung, daß sie Dogmen oder Lehren weder schaffen noch verkündigen will. Die Statuten der Allgemeinen Anthroposophischen Gesellschaft, verfaßt von Steiner auf der Weihnachtstagung 1923/24, besagen, daß die anthroposophische Geisteswissenschaft zu Ergebnissen führt, »die jedem Menschen ohne Unterschied der Nation, des Standes, der Religion als Anregung für das geistige Leben dienen können«[2]. Der Schulungsweg, der zu den »geisteswissenschaftlichen Erkenntnissen« führt, steht jedem Menschen offen. Das religiöse Bekenntnis des einzelnen ist dabei ohne Belang.

Die Anthroposophie ist daher kein in sich geschlossenes Lehrgebäude, das man einfach auf seine Übereinstimmung mit den klassischen Bekenntnissen der Christenheit befragen kann. Die Fragestellung muß daher aus anthroposophischer Sicht sachgemäß lauten: Ist der anthroposophische Erkenntnisweg christlich? Sind die auf ihm gewonnenen Einsichten und Erkenntnisse für Christen gültige Wahrheiten, nach denen sie ihr Leben ausrichten können?

Anders formuliert: Ist der anthroposophische Erkenntnisweg für Menschen, die in der Nachfolge Jesu Christi leben wollen, eine Möglichkeit christlicher Existenz?

Schon zu Lebzeiten Steiners wurde der Anspruch der

Anthroposophie, die zeitgemäße Form des Christentums zu sein, offen infrage gestellt. Autoren wie H. Frick (»Anthroposophische Schau und religiöser Glaube«) haben Steiner vehement widersprochen. Andererseits wandte sich ein zu seiner Zeit profilierter und über die Grenzen Deutschlands hinaus bekannter Theologe wie Friedrich Rittelmeyer mit einem Kreis Gleichgesinnter an Steiner mit der Bitte um wegweisende geistige Hilfe für den Aufbau einer neuen Glaubensgemeinschaft. Im September 1921 schuf Steiner in 30 Vorträgen die geistigen Grundlagen für die neu entstehende Christengemeinschaft. Nach der von Steiner entworfenen Liturgie feiert die Christengemeinschaft das Heilige Abendmahl als »Menschenweihehandlung«.

Nach dem Zweiten Weltkrieg fanden auf verschiedenen Ebenen zwischen der Evangelischen Kirche in Deutschland (EKD) und der Christengemeinschaft klärende Gespräche statt, als deren Ergebnis am 31. Mai 1949 der Rat der EKD beschloß, »die in der Christengemeinschaft vollzogene Taufe nicht als christliche Taufe anzuerkennen und eine Klärung der Abgrenzung der Evangelischen Kirche in Deutschland und ihrer Gliedkirchen von der Christengemeinschaft mit geistlichen und seelsorgerlichen Mitteln herbeizuführen«[3]. Nach weiteren Gesprächen schrieb Bischof Otto Dibelius am 6. März 1951 an die Leitung der Christengemeinschaft: »Wir meinen zu sehen, daß in der Christengemeinschaft neben christlichem Gedankengut *entscheidend* (Hervorhebung von E.K.) eine neue Offenbarungsquelle sichtbar wird, die aus der synkretistischen Weltanschauung Rudolf Steiners stammt und auf einem dem Neuen Testament fremden Offenbarungsanspruch beruht.«[4]

Eine kirchliche Gemeinschaft zwischen der Christengemeinschaft und einer Gliedkirche der EKD war damit nicht möglich. Das durch die Anthroposophie geprägte Verständnis der Person Jesu Christi, seiner am Kreuz vollbrachten Heilstat und des kommenden Reiches Gottes ist mit den kirchlichen Bekenntnissen und dem Zeugnis der Reformation nicht vereinbar. An dieser Überzeugung hält die EKD bis heute unverändert fest.

Binder versucht nun aufzuzeigen, daß dieses Urteil der EKD über die Anthroposophie zu revidieren ist. Von einem neuen Ansatz aus will er nachweisen, daß sich die anthroposophische Bewegung mit Recht eine christliche Bewegung nennen darf und daß die christlichen Kirchen sie als eine solche anerkennen sollten. Binder setzt bezeichnenderweise nicht bei einzelnen christologischen Aussagen Steiners an, sondern bei der Krise der christlichen Theologie. Er konstatiert, daß die Theologie keine verbindlichen Maßstäbe mehr besitze, nach denen sie beurteilen könne, was als legitim christlich zu gelten habe und was nicht.

Die geistesgeschichtliche Entwicklung der Neuzeit, die mit der Zerstörung der Weltbilder auch die Glaubensinhalte zertrümmerte, gelte es als eine notwendige anzuerkennen. Die Orientierungslosigkeit der Theologie ist ihm ein Kennzeichen für den Sinn- und Substanzverlust christlich-theologischen Weltverständnisses. Die Wirklichkeit könne nicht mehr gültig mit den bisherigen Kategorien beschrieben werden. Diese seien durch die fortschreitenden Erkenntnisse des wissenschaftlichen Denkens überholt; sie seien unserer geistesgeschichtlichen Situation nicht mehr adäquat. Somit gebe es auch keine klar verbindlichen Kategorien mehr, um mit der Sicherheit von Bischof Dibelius ein Urteil über die Anthroposophie fällen zu können.

Die Säkularisierung der Welt, die Reduktion christlicher Glaubensaussagen auf die existentielle Vergewisserung im Herzen der Gläubigen ist für Binder ein Ausdruck der Krise, in der sich die christliche Kirche mit ihrer tradierten Theologie befinde. Vielen kirchentreuen Christen bleibe nur die Flucht in ein gespaltenes Bewußtsein: Hier die Welt des Denkens – dort die Welt des Glaubens.

Ausgehend von dieser seiner Meinung nach ausweglosen geistigen Situation, in der sich die kirchlich geprägte Christenheit befinde und aus der sie sich selbst nicht befreien könne, weist er der Anthroposophie die entscheidende Aufgabe zu, eine »ganze verlorene Dimension des Christlichen«[5] in die Christenheit zurückzubringen. Die verbindliche Sinndeutung sowohl des Kosmos als auch des individuellen Lebens »auf der Höhe des Bewußtseins unserer Zeit«[6] – nichts Geringeres kann die Anthroposophie zur Überwindung der epochalen Krise des Christentums beitragen.

Binder nimmt den anthroposophischen Schulungsweg, der zu den »Erkenntnissen der höheren Welten«[7] führen soll, positiv auf. Die »Erkenntnispraxis«[8] dieses Schulungsweges ist für ihn das entscheidende Kriterium zur Beurteilung dieses Weges. Die »spezifische Schulung des Geistes«[9], die der »Geistesforscher« erfährt, hat für Binder ein doppeltes Ziel: »Das Denken muß lernen, sich unabhängig von Anregungen, die ihm aus der Sinnenwelt zukommen, als tätig zu erfahren; und es muß in seinem sinnlichkeitsfreien, selbst-tätigen Vollzug so erstarken, daß die rein geistigen Zusammenhänge, in denen es als Denken immer schon unbewußt steht, ins Bewußtsein eintreten und das Denken so zum vollbewußten Medium wird, in dem sich die geistige Welt unmittelbar offenbaren kann.«[10]

Die geistige Welt läßt sich so »wie ein unbekannter Kontinent, in geduldigem und hingebendem Bemühen« erforschen. Die Ergebnisse seines Forschens empfängt der »Geistesschüler« dann als »Offenbarungen in Ehrfurcht und Demut als eine Gnade«. Im Gegensatz zum Mystiker, der eine mystisch-totale Erleuchtung erfährt, vermag der »in der Zucht des Denkens geschulte Geistesforscher ein konkretes und differenziertes Bild der übersinnlichen Realität zu geben«[11].

Trotz des »ungeheuren Vorsprungs«[12], den Rudolf Steiner in der Erkenntnis geistiger Wahrheiten besitze, ist es nach Binder unerläßlich, sich »wenigstens ein Stück weit«

auf den anthroposophischen Erkenntnisweg zu begeben, um »zu einem sicheren Urteil« zu kommen. Es gelte aber dennoch: »Auch der ernsthaft Übende darf kaum damit rechnen, auf diesem Weg so weit zu kommen, daß er die Aussagen Steiners aufgrund eigener Geistesschau in nennenswertem Umfang bestätigen oder auch widerlegen könnte.«[13]

»Sachgemäß«[14] ist für ihn ein theologisches Urteil über die Anthroposophie nur dann, »wenn es dem Weg-Charakter anthroposophischer Erkenntnis gerecht wird«[15]. Weder an einzelnen Sachaussagen Steiners noch an einem »globalen Systementwurf«[16] soll sich das theologische Urteil über die Anthroposophie orientieren.

Was – nach Binder – die tradierte christliche Theologie mit ihrer für den modernen Menschen kaum mehr nachvollziehbaren Begrifflichkeit nicht mehr zu leisten vermag – eine verbindliche Sinndeutung der menschlichen Geschichte und der individuellen Existenz –, das vermag Steiner mittels seiner aus »geisteswissenschaftlicher Schau« gewonnenen Erkenntnisse.

Der Weg aus der Ausweglosigkeit heraus ist nur durch Zuhilfenahme einer »geisteswissenschaftlichen« Methode möglich, die dem Denken des modernen Menschen adäquat ist und es ihm erlaubt, geistige Erkenntnisse auf einem Weg zu gewinnen, den er mit klarem Bewußtsein gehen kann.

Der Weg aus der Krise ist für Binder der anthroposophische Erkenntnisweg Steiners. Er ist der Überzeugung, »daß sich in der Anthroposophie Rudolf Steiners die ureigene Sache der Theologie zu Wort meldet: daß hier eine Lösung liegt für die Aporien«[17].

Der Erkenntnisweg Rudolf Steiners, den er als Instrument der Erneuerung und Vertiefung christlicher Theologie und christlichen Glaubens in unserer Zeit sieht, enthält nach seiner Überzeugung »die Elemente eines neuen Paradigmas von Theologie, welches das Christentum befähigen kann, die epochale Infragestellung seiner Gewißheiten zu überwinden und zum Brennpunkt der Vergewisserung für den inmitten ausgedehntesten Wissens von Sinnlosigkeit bedrohten Geist der Zeit zu werden«[18].

Diese positive Würdigung des anthroposophischen Erkenntnisweges erlaubt es Binder, die Geschichte der Menschheit in ihren Beziehungen zu und Verflechtungen mit geistigen Wirklichkeiten aus der Sicht Steiners darzustellen. Das Menschheitsdrama von Schöpfung und Erlösung, von Karma, Reinkarnation und Gnade, bekommt für ihn durch die »geisteswissenschaftliche Schau« Steiners eine ganz neue Dimension.

Die Erkenntniskategorien Steiners sind für ihn Deutungsmöglichkeiten, mit deren Hilfe der moderne Mensch sich selbst innerhalb des Kosmos verstehen kann. Binder geht es darum, aufzuzeigen, daß die Sicht Rudolf Steiners, die er aus der »Akasha-Chronik« gewonnen hat, eine denkbare Möglichkeit christlichen Weltverständnisses ist. Mit der »Akasha-Chronik« ist nicht eine schriftliche Überlieferung gemeint, sondern eine Art »Weltgedächtnis«, in dem nach Steiners Vorstellung alle Taten, Gedanken und Gefühle bewahrt werden (siehe S. 27).

»Dabei ist stets zu bedenken, daß Rudolf Steiner, wenn er davon spricht, nicht theoretisch spekuliert, sondern aus übersinnlicher Anschauung heraus schildert.«[19] Das, was die Christenheit als Offenbarung von Gottes Wirklichkeit im Alten und Neuen Testament empfangen hat, bleibt für Binder dabei unangetastet. »Die zentralen christlichen Glaubensinhalte – Schöpfung, Fall und Erlösung des Menschen; Inkarnation, Opfertod, Auferstehung des Gottessohnes; das Geheimnis der göttlichen Dreieinigkeit – werden von der Anthroposophie allesamt aufgenommen, sie werden nicht kritisiert oder im Stil der modernen Theologie entmythologisiert; aber sie erfahren eine Deutung, die ihnen einen neuen, dem Gewohnten teilweise direkt entgegengesetzten Sinn unterlegt.«[20]

Diese Aussage ist nur haltbar, wenn Binder große Teile dessen, was Steiner über die Geschichtlichkeit alttestamentlicher Gottesoffenbarung und neutestamentlicher Christusoffenbarung sagt, ausblendet. Die Geschichtlichkeit, die Gottes Handeln mit dem Bundesvolk Israel und mit der neutestamentlichen Gemeinde bestimmt, geht bei Rudolf Steiner verloren. Die ins Kosmologische übersteigerte Evolution, die Rudolf Steiners Denken bestimmt, läßt sich nur mit denkerischer Gewalt in Gottes heilsgeschichtliches Handeln im Alten und Neuen Bund einfügen. Die Berufung der Propheten, die ein souveränes Handeln Gottes in Israel darstellt, wird bei Steiner zu einem Glied in der Kette verschiedener Reinkarnationen hoher Geister; die Lehre von den beiden Jesusknaben, die Inkarnationen des Buddha und des Zarathustra darstellen, ist beim besten Willen nicht in die Tradition des Neuen Testamentes einzufügen.

Daher ist die folgende Aussage Binders nicht haltbar: »In der Bibel geht es nach dem Urteil aller wissenschaftlich-theologischen Ausleger nicht um die Enthüllung von Geheimnissen über Gott und die Welt, sondern um die geschichtlich vermittelte Kundgabe von Gottes Heilsabsicht mit dem Menschen. Diese Heilsabsicht kann in unterschiedlicher Tiefe verstanden werden, aber es kann ihr im wesentlichen nichts hinzugefügt werden. *Auch die Anthroposophie fügt der so verstandenen Offenbarung nichts hinzu.«*[21] (Hervorhebung durch E.K.)

Selbstverständlich fügt Steiner mit dem, was er in der »Akasha-Chronik« »geschaut« hat, der biblischen Offenbarung Neues hinzu. Gerade das ist ja sein Proprium, gerade darin sieht er einen Fortschritt in der Entwicklung der Menschheit. Wozu wäre die anthroposophische Bewegung dann noch notwendig, wenn sie eben nichts spezifisch Neues zu sagen hätte? Eben darin unterscheidet sie sich ja von allen christlichen Konfessionen, daß sie aus ihrer geistigen Schau heraus etwas zu sagen hat, was sonst niemand sagen kann. Binder wird hier dem Anliegen der Anthroposophie, unserer Zeit neue Wahrheiten zu bringen, nicht gerecht.

In dem Anliegen, die »Zeitnotwendigkeit«[22] neuer theologischer Entwürfe der Christenheit deutlich zu machen, sieht Binder die Anthroposophie als »Heilmittel für die offenkundige Krise des Christentums überhaupt«[23]. Dieses Heilmittel kann aber für die christliche Kirche kein wirksames Mittel sein. Der christliche Glaube beruht nicht auf dem, was wir schauen, nicht auf dem, was uns nach langen denkerischen Bemühungen an geschauten Offenbarungen zuteil wird, sondern er beruht darauf, daß Jesus Christus uns sucht und findet. »Wir wandeln im Glauben und nicht im Schauen« (2. Korinther 5,7). Diese Erfahrung des Paulus gilt heute wie durch den ganzen Verlauf der Kirchengeschichte.

Binders These: »Wenn das Christentum nicht fähig ist, sich theologisch für das Ich auf der Stufe der Bewußtseinsseele neu zu formulieren, wird es für die Menschheit der Zukunft verloren sein«[24], ist in dieser Schärfe und Ausschließlichkeit falsch.

Die Botschaft vom Heil in Jesus Christus, von der Offenbarung Gottes im Zimmermann von Nazareth, stand immer in einem herausfordernden Gegensatz zu den jeweiligen Geistesströmungen der Geschichte (vgl. 1. Korinther 1,18–31). Wo immer sich der christliche Glaube den jeweils herrschenden geistesgeschichtlichen Strömungen anpaßte, verlor er für die Welt seine verändernde Kraft und seine herausfordernde Bedeutung. Das Evangelium steht dem jeweiligen Zeitgeist immer souverän gegenüber; es kann niemals ein Teil dieses Zeitgeistes sein. Genau das geschieht aber, wenn Binder das Evangelium zu einem Teilaspekt der anthroposophischen Weltschau macht. Selbstverständlich lassen sich im Riesenwerk Steiners einzelne Aspekte finden, in denen er von der Offenbarung der Wahrheit in Jesus Christus spricht. Das ist unbestritten.

Dennoch steht der Gesamtcharakter anthroposophischen Denkens und der anthroposophischen Schau der Person Jesu Christi dem Gesamtzeugnis der Heiligen Schrift diametral entgegen.

Nur mit theologisch-philosophischen Hilfskonstruktionen lassen sich die Gedankengänge Steiners im Alten und Neuen Testament wiederfinden. Es ist Binder recht zu geben, wenn er sagt: »Die Berufung auf einzelne Sätze und Aussagen der Schrift ist grundsätzlich ein untaugliches Mittel, die Wahrheitsfrage zu entscheiden.«[25] Aber gerade das wird ja von anthroposophischer Seite aus gemacht, wenn auf die mögliche Wiederkehr des Propheten Elia im Neuen Testament verwiesen wird; in Matthäus 11,14 heißt es in bezug auf Johannes den Täufer: »Er ist der Elia, der kommen soll.« Man argumentiert dann: Die Weisen und Eingeweihten der damaligen Zeit wußten, daß die Menschen dem Gesetz von Reinkarnation und Karma unterliegen. Sie deuteten dies in der Person des wiedergekommenen Elia nur an, weil sie wußten, daß die Masse der Menschen diese Wahrheit nicht ertragen konnte. Gerade mit dieser Bibelstelle wird dann versucht, zu beweisen, daß auch Jesus Christus selbst mit dem Gesetz von Reinkarnation und Karma vertraut war, dies aber den Menschen nicht offen sagen konnte, weil die Zeit dafür eben noch nicht reif war.

Heute aber sei die Zeit dafür reif – und die anthroposophische Bewegung hat den geistesgeschichtlich-historischen Auftrag, dies den Menschen deutlich zu machen. Eben darum verkündigt sie etwas wesentlich Neues; eben darin versteht sie sich als eine Weiterentwicklung des tradierten Christentums.

Mittels der anthroposophischen Paradigmen von »Verstandesseele«, »Bewußtseinsseele« und »Geistselbst« sucht Binder das Ineinanderwirken von menschlicher Freiheit und göttlichem Erlösungshandeln darzustellen und für den modernen Menschen in »christlichem« Sinn verständlich und nachvollziehbar zu machen. In der evolutionären Entwicklung der Menschheit, die Steiner in seinem Gedankengebäude entfaltet, sieht Binder dieses Wirken sich ständig vollziehen.

In den verschiedenen Bewußtseinsstufen der Menschheit wirke sich göttliches Handeln und menschlicher Wille gleichzeitig aus. Indem die menschliche Seele sich immer weiter zur Vergeistigung emporarbeite, werde ihr Denken, Wollen und Fühlen immer mehr eins mit der göttlichen Wirklichkeit. In diesen Prozeß sei die ganze Menschheit mit hineingenommen, und in diesem Prozeß wirke in der gesamten Menschheit der in die Erdenaura übergegangene Christus. Menschliche und göttliche Wirklichkeit wirkten so unauflöslich ineinander und brächten gemeinsam die Menschheit vorwärts in Richtung ihrer Vervollkommnung.

»Jeder Mensch ist eine Inkarnation Gottes; nur daß in Christus, dem entäußerten Gott, die Fülle der Gottheit lebt, während der gewöhnliche Mensch nur einen Funken aus dem Feuermeer der göttlichen Liebe – und Gott ist Liebe, sie ist seine Substanz – in sich trägt. Das neue Paradigma des Geistselbst erfüllt damit das Paradox, daß im rechtfertigenden Glauben alles Werk der göttlichen Liebe ist und alles menschliche Liebestat – und es macht das Paradox zugleich begreiflich als unauflöslichen Lebensvollzug.«[26]

Daß »nur doktrinäre Positionen« der Anthroposophie ihren »genuin christlichen Charakter absprechen«[27] können, ist eine polemische Behauptung Binders. Es geht bei der Auseinandersetzung mit der anthroposophischen Denkweise nicht um den »Fundamentalismus des unfehlbaren Bibelbuchstabens«[28], sondern um die Klarheit dessen, was die Christenheit der Welt als Wahrheit des Evangeliums zu sagen hat. Der Weg, den Binder zu weisen versucht, führt dabei in die Irre.

2. »Geisteswissenschaftliche« Methode

Der Stufenweg der »Erkenntnis«

Rudolf Steiner erzählt in seiner Autobiographie »Mein Lebensgang« von frühkindlichen Erfahrungen, die er mit spirituellen Phänomenen hatte. Er berichtet davon, daß diese Erlebnisse in ihm schon sehr früh die Überzeugung prägten, daß der reine Materialismus eine Lüge sei, und daß hinter der sichtbaren Welt noch ganz andere Wirklichkeiten existierten. Freilich konnte er als Kind mit niemandem über diese prägenden Ereignisse sprechen; ja, wenn er davon sprach, wurde er deswegen ausgelacht.

Diese übersinnlichen Erfahrungen hinderten Rudolf Steiner später daran, den herrschenden Materialismus im naturwissenschaftlichen Denken seiner Zeit als selbstverständlich hinzunehmen. Den materialistischen Monismus Ernst Häckels lehnte er ab. Aber nicht in der Weise, daß er ihn einfach verneinte und ihn für ungültig erklärte, sondern er übernahm das Prinzip des Monismus und hob es auf die höhere Ebene des geistigen Monismus: Alles entspringt dem Geistigen, nicht der Materie wie bei Häckel. Das Geistige ist das vorherrschende Prinzip. Das Geistige ist der Ursprung aller Dinge, sowohl der physischen wie der metaphysischen Wirklichkeiten. Auf das Geistige zielen alle Metamorphosen der physischen Welt hin.

Den Gedanken der Metamorphose übernahm Rudolf Steiner von Goethe. Er arbeitete von 1890 bis 1897 als freier, ständiger Mitarbeiter am Goethe- und Schiller-Archiv in Weimar und war dort der Herausgeber der naturwissenschaftlichen Schriften Goethes. Dort arbeitete er sich in das naturwissenschaftliche Denken Goethes ein, das so völlig verschieden war von dem, das Rudolf Steiner während seiner Studien kennengelernt hatte. In der klassischen Philosophie seit Kant bedeutete Denken immer, die

Phänomene auf eine abstrakte Ebene zu heben, um sie dort gedanklich klarer fassen, analysieren und durchstrukturieren zu können. So erlangte man philosophische Erkenntnisse. Auf diesem Weg versuchte man auch, naturwissenschaftliche Erkenntnisse denkerisch zu erfassen.

Goethe ging einen anderen Weg. Er verlangte vom Forscher, daß er sich mit seinem Denken in die Phänomene hineinversetzen solle, um die Dinge intuitiv zu begreifen. Goethe wollte durch die Erforschung der Phänomene hindurch die Ur-Idee erkennen, die hinter den einzelnen Phänomenen steckt: Zum Beispiel ist die unendliche Artenvielfalt der Pflanzen für ihn nur eine Metamorphose, eine Umbildung der einen Ur-Pflanze, die als Idee den geistigen Hintergrund der ganzen Pflanzenwelt bildet. »Wer den Gedanken der Umbildung (Metamorphose) nicht nur der sinnlich anschaulichen Formen – bei denen Goethe in Gemäßheit seines besonderen Seelencharakters stehengeblieben ist –, sondern auch des seelisch und geistig Erfaßbaren sich zugänglich macht, der ist bei der Anthroposophie angelangt.«[1]

Was ist nun die Anthroposophie? Steiner definiert sie in seinen »Anthroposophischen Leitsätzen« folgendermaßen: *»Anthroposophie ist ein Erkenntnisweg, der das Geistige im Menschenwesen zum Geistigen im Weltenall führen möchte.«*[2]

Die Anthroposophie will also kein Dogma sein, kein in sich geschlossenes Lehrgebäude, in dem alle Wahrheiten dieser Welt sortiert sind, sondern sie will ein Weg sein, der für jeden Menschen, der an geistigen Dingen interessiert ist und der die Rätsel seines Lebens erkennen möchte, begehbar ist. Dabei ist das Besondere am anthroposophischen Erkenntnisweg, daß er dem einzelnen Menschen Methoden an die Hand geben will, mit deren Hilfe er in die geistige Welt eindringen könne.

Die Erkenntnisse aus der geistigen Welt sollen nicht auf dem Weg der mittelalterlichen Mystik, über die kirchliche

Dogmatik oder das individuelle Gefühl des einzelnen Mystikers gewonnen werden, sondern in der Freiheit des Ichs und in der Bewußtseinserweiterung des geistig-wissenschaftlich Forschenden. Die Freiheit des Ichs und die Bewußtseinserweiterung sind nach Steiner Kennzeichen des modernen Menschen. Der mittelalterliche Mensch sei dazu auf Grund seiner Seelenverfassung noch nicht in der Lage gewesen.

Weil die Erkenntnisse aus der übersinnlichen Welt auf dem Wege methodisch geschulten Denkens gewonnen werden sollen (im Gegensatz zu rauschhaften Zuständen), nennt Steiner die Methoden seines Erkenntnisweges zusammenfassend die *Geisteswissenschaft.* Nur so, als Wissenschaft, ist nach anthroposophischer Überzeugung die Beziehung zu Übersinnlichem zeitgemäß. *»Geisteswissenschaftliche Erkenntnisse« sind also Erkenntnisse, die auf dem Weg des anthroposophischen Erkenntnisweges gewonnen wurden.* Als solche beanspruchen sie für sich dieselbe Exaktheit und Objektivität wie die naturwissenschaftlich gewonnenen Erkenntnisse.

Zu diesem Anspruch auf Wissenschaftlichkeit ist kritisch anzumerken, daß »wissenschaftlich« gewöhnlich für solche Forschungen und Erkenntnisse verwandt wird, die nachvollziehbar sind und für die in kompetent geführter Argumentation Zustimmung gefordert werden kann. Dazu gehört, daß die Quellen einsehbar gemacht, Experimente wiederholt und exemplarische Ergebnisse verallgemeinert werden können. Diese Kriterien der Nachvollziehbarkeit, Wiederholbarkeit und Übertragbarkeit werden von der »geisteswissenschaftlichen Schau« Steiners nicht erfüllt, so daß die Bezeichnung des anthroposophischen Erkenntnisweges als »Wissenschaft« zumindest problematisch ist.

Dieser Anspruch auf Wissenschaftlichkeit wird nach meinen Erfahrungen von vielen Theologen nicht wahrgenommen, wenn sie mit Anthroposophen im Gespräch sind. Sie halten die Aussagen Steiners über die »höheren Welten« und »höheren Wesenheiten« für Diskussionsgrundlagen oder für Vermutungen oder bestenfalls für Visionen eines genial begabten Menschen, aber nicht für das, was sie nach der Überzeugung Steiners und der durch seine Schulung gegangenen Anthroposophen sein wollen, nämlich *exakte Beschreibungen der geistigen Wirklichkeit.* Diese Tatsache ist aber für das Gespräch zwischen den christlichen Kirchen und der anthroposophischen Gesellschaft von größter Bedeutung. Denn gerade im Verständnis der Heiligen Schrift und im Verständnis der Person Jesu Christi sind die Ergebnisse anthroposophischer Geistesforschung von größter Wichtigkeit. Nicht umsonst nehmen in den Steinerschen Vortragszyklen über die vier Evangelien die Aussagen über die erkenntnismäßigen Voraussetzungen, nach denen diese Schriften verstanden werden können, einen so breiten Raum ein.

Im Basler Vortragszyklus über das Lukas-Evangelium weist Steiner im ersten Vortrag auf seine Schrift »Wie erlangt man Erkenntnisse der höheren Welten« hin und beschreibt die drei Stufen, die zur Erkenntnis der geistigen Welt führen: »Die erste ist die der sogenannten *imaginativen Erkenntnis,* die zweite Stufe ist die der *inspirierten Erkenntnis* und die dritte Stufe ist die der *intuitiven Erkenntnis,* wenn wir das Wort intuitiv in seinem wahren, geisteswissenschaftlichen Sinne erfassen«[3] (Hervorhebungen durch E.K.).

Steiner beschreibt dann innerhalb dieses Vortrags die Bedeutung der drei Erkenntnisstufen: »Wer besitzt nun die *imaginative Erkenntnis?* Derjenige, vor dessen geistigem Auge sich das, was hinter der Sinnenwelt ist, in Bildern ausbreitet, in einem gewaltigen Weltentableau von Bildern, die aber durchaus nicht ähnlich sind dem, was man im gewöhnlichen Leben Bilder nennt. Abgesehen von dem Unterschiede, daß es für diese Bilder der imaginativen Erkenntnis nicht gibt, was wir die Gesetze des dreidimensionalen Raumes nennen, gibt es auch noch andere Eigentümlichkeiten dieser imaginativen Bilder, die sich mit nichts in der gewöhnlichen Sinnenwelt so leicht vergleichen lassen.«[4]

Steiner beschreibt nun, wie der Mensch, der die Stufen der imaginativen Erkenntnis erreicht hat, in der Lage ist, Farben und Symbole in ihrem Sinngehalt zu erkennen. Zugleich hat dieser Mensch die Fähigkeit, den Ätherleib und den Astralleib der Menschen zu sehen. Was aber das Wichtigste ist, er lernt die höheren Wesenheiten gleichsam von ihrer Außenseite her kennen. Der Mensch auf der imaginativen Stufe der Erkenntnis nimmt die höheren Wesen wahr, erkennt sie an ihrem Tun, aber er kann nicht mit ihnen in Verkehr treten.

»Wer als Hellseher die Wesenheiten der übersinnlichen Welt durch die imaginative Erkenntnis kennenlernt, der lernt gleichsam nur die geistig-seelische Außenseite kennen. Aber er hört sie sich selbst aussprechen, wenn er aufsteigt von der imaginativen Erkenntnis zu der Erkenntnis durch *Inspiration.* Da ist es dann wirklich ein richtiger Verkehr mit diesen Wesenheiten. Da teilen sie ihm aus ihrer eigenen Wesenheit heraus mit, was sie sind und wer sie sind.«[5]

Die höchste Stufe der Erkenntnis ist die der Intuition. Steiner verwendet diesen Begriff nicht für irgendeine unklare, unbestimmte Erkenntnis, sondern: »Da ist die *Intuition* eine Erkenntnis, wo man nicht nur geistig hinhorchen kann auf das, was die Wesenheiten aus sich selbst heraus einem mitteilen, sondern wo man eins wird mit diesen Wesenheiten, wo man in die eigene Wesenheit derselben untertaucht.«[6] Man sieht sozusagen die Welt, die Menschen, den ganzen Kosmos mit den Augen der höheren geistigen Wesenheiten, man ist eins mit ihnen.

Nach Steiner waren die Evangelisten, die die vier Evangelien des Neuen Testaments verfaßt haben, »Eingeweihte und Hellseher«[7], die über verschiedene Stufen der Erkenntnis verfügten, wobei der Evangelist Johannes auf der höchsten Stufe stand: »Was uns im Johannes-Evangelium begegnet, konnte nur auf der Forschung des Eingeweihten beruhen, der hinaufsteigen konnte bis zur inspirierten und intuitiven Erkenntnis. Was uns in den anderen Evangelien entgegentritt, das konnte beruhen auf Mitteilungen von imaginativen, von hellsichtigen Menschen, die also noch nicht selbst hinaufsteigen konnten in die inspirierte und intuitive Welt. So beruht, wenn wir den heutigen Unterschied streng festhalten, das Johannes-Evangelium auf der Einweihung; die drei übrigen Evangelien, vorzugsweise das Lukas-Evangelium, sogar nach dem Ausspruche des Schreibers selbst, auf der Hellsichtigkeit.«[8]

Der Evangelist Johannes war also für Steiner ein in die Mysteriengeheimnisse der antiken Welt Eingeweihter, der die höchsten Erkenntnisstufen erklommen hatte. Was folgt für Steiner erkenntnis-methodisch aus dieser Tatsache? Er zieht daraus den Schluß, daß ein Mensch, der sich heute auf dieselbe Erkenntnisstufe hocharbeitet, wie sie die Verfasser der Evangelien innehatten, aus den »Quellen der Eingeweihten«[9] dasselbe schöpfen kann wie die Verfasser der Evangelien damals. »Nun aber müssen wir – so wie jedesmal, wenn wir vom anthroposophischen Gesichtspunkt aus solche Betrachtungen anstellen – auch diesmal daran erinnern, *daß für die Geisteswissenschaft nicht im eigentlichen Sinne die Evangelien Quellen der Erkenntnis sind*«[10] (Hervorhebung durch E.K.).

An dieser Stelle bekommt die Frage nach der anthroposophischen Erkenntnismethode theologische Relevanz. Wenn die Evangelien keine gültigen Quellen für das Heilshandeln Gottes in Jesus Christus sind, welche Quellen gelten dann? In welchem Verhältnis stehen diese Quellen zu den Evangelien? Steiner gibt darauf sehr klare und eindeutige Antworten. Ich will, um der Klarheit des Gespräches mit den Anthroposophen willen, die Antwort Steiners ausführlich zitieren:

»Es ist wahr, für die geistige Forschung, wenn sie sich auf die Ereignisse der Vergangenheit erstreckt, *gibt es nur eine Quelle.* Diese Quelle liegt nicht in äußeren Urkunden. Nicht Steine, die wir aus der Erde graben, nicht Dokumente, die in den Archiven aufbewahrt sind, nicht das, was die Geschichtsschreiber geschrieben haben, ob inspiriert oder nicht inspiriert, sind die Quellen der Geisteswissenschaft. *Was wir zu lesen vermögen in der unvergänglichen Chronik, in der Akasha Chronik, das ist für uns die Quelle für die geistige Forschung.* Es gibt die Möglichkeit, das, was sich zugetragen hat, ohne äußere Urkunde zu erkennen«[11] (Hervorhebung durch E.K.).

Was die »Akasha-Chronik« nach seiner »Geistesforschung« ist, beschreibt Steiner in seinem Vortragszyklus über das Johannes-Evangelium: »Alles, was in der sinnlich-physischen Welt geschieht, das hat ja sein Gegenbild in der geistigen Welt. Wenn sich eine Hand bewegt, so ist nicht nur das vorhanden, was Ihr Auge als die sich bewegende Hand sieht, sondern hinter der sich bewegenden Hand, hinter dem Augenbild der Hand liegt z.B. mein Gedanke und mein Wille: die Hand soll sich bewegen. Es liegt überhaupt ein Geistiges dahinter. Während das Augenbild, der sinnliche Eindruck der Handbewegung vorbeigeht, bleibt das geistige Gegenbild in der geistigen Welt eingeschrieben und hinterläßt immer eine Spur, so daß wir, wenn wir das geistige Auge geöffnet haben, von allen Dingen, die geschehen sind in der Welt, die Spuren verfolgen können, die da zurückgeblieben sind von ihren geistigen Gegenbildern. Nichts kann geschehen in der Welt, ohne daß es solche Spuren gibt. Nehmen wir an, es läßt der Geistesforscher den Blick zurückschweifen bis zu Karl d. Gr. oder bis in die römische Zeit oder in das griechische Altertum. Alles, was da geschehen ist, ist seinen geistigen Urbildern nach durch Spuren erhalten geblieben in der geistigen Welt und kann dort geschaut werden.

Dieses Schauen der Spuren, welche alle Geschehnisse in

der geistigen Welt zurücklassen, nennt man das *Lesen in der Akasha-Chronik.* Es gibt eine solche lebendige Schrift, die das geistige Auge sehen kann. Und wenn der Geistesforscher Ihnen die Ereignisse von Palästina oder die Beobachtungen des Zarathustra beschreibt, so beschreibt er *nicht das, was in der Bibel,* was in den Gathas steht, sondern er beschreibt, was er selbst in der Akasha-Chronik zu lesen versteht. Und dann wird eben nachgeforscht, ob das, was in der Akasha-Chronik entziffert worden ist, sich auch in den Urkunden, in unserem Falle in den Evangelien, findet. *Es ist also gegenüber den Urkunden ein völlig freier Standpunkt, den die Geistesforschung einnimmt.* Gerade darum aber wird sie die *eigentliche Richterin* sein über das, was in den Urkunden vorkommt. Wenn uns aber in den Urkunden das gleiche entgegentritt, was wir in der Akasha-Chronik selbst zu verfolgen in der Lage sind, dann ergibt sich für uns, daß diese Urkunden wahr sind, und ferner, *daß sie jemand geschrieben haben muß, der auch in der Akasha-Chronik zu schauen vermag«*[12] (Hervorhebungen durch E.K.).

Dieser Gedankengang ist für das Steinersche Schriftverständnis kennzeichnend. Der Geistesforscher, der nach seinen eigenen Aussagen in der Lage ist, in die Vergangenheit klar und deutlich bis in die Willensimpulse der Handelnden hineinzuschauen, ist es dann, der die theologische Stimmigkeit der Aussagen der Heiligen Schrift beurteilt. *Die Deutung von Bildern, die Historizität von Ereignissen, alles das wird nach der Schau in der »Akasha-Chronik« bewertet.*

Wie begegnet nun Steiner dem Vorwurf, das Lesen in der »Akasha-Chronik« sei nichts weiter als Träumerei und Phantasterei? Er antwortet darauf: »Wer aber in diesen Dingen bewandert ist, der weiß, daß es um so leichter ist, in der Akasha-Chronik zu lesen, je weniger man dieselben Dinge aus der äußeren Geschichte kennt. Denn die äußere Geschichte und ihre Kenntnis ist geradezu eine Störung für den Seher ... Daher ist es dem, der in diesen Sachen bewandert ist, am allerliebsten, wenn er von alten Zeiten reden kann, *von denen keine Urkunden da sind, wenn er von längst vergangenen Entwicklungsstadien unserer Erde sprechen kann. Darüber gibt es keine Urkunden. Da berichtet die Akasha-Chronik am allertreusten* (Hervorhebung durch E.K.), weil man am wenigsten dabei durch die äußere Geschichte gestört wird. Aus diesen Bemerkungen mögen Sie entnehmen, daß niemand, der in solchen Sachen bewandert ist, je auf den Gedanken kommen wird, daß die Schilderungen der Akasha-Chronik irgendwie ein Nachklang dessen sein könnten, was man schon aus der äußeren Geschichte weiß.«[13]

Wir haben hier bei Steiner das klassische Beispiel einer petitio principii: Die Wahrheit dessen, was aus der »Akasha-Chronik« über die frühen Entwicklungsstufen der Erde und des Kosmos, aus denen wir keine Urkunden haben, gelesen wird, muß als Beweis dafür dienen, daß die Tatsachen, die wir aus der »Akasha-Chronik« über die geschichtliche Zeit erhalten, wahr sind, auch wenn sie von den vor uns liegenden Urkunden abweichen.

»Erkenntnis« und Schriftauslegung

Die auf diesem methodischen Weg gewonnenen Erkenntnisse der »Geisteswissenschaft« bilden nach Rudolf Steiner auch die Grundlagen für ein neues, zeitgemäßes religiöses Bewußtsein. Eine neue Erkenntnisgrundlage des religiösen Lebens kann nach seiner Überzeugung nur gewonnen werden durch Anerkennung der imaginativen, inspirierten und intuitiven Erkenntnismethoden: »In früheren Jahrhunderten hat man andere Arten und Formen des Weisheitsstrebens gebraucht. Heute ist Anthroposophie notwendig.«[14]

Was diese Aussage konkret für das Verständnis biblischer Schriften bedeutet, macht Rudolf Steiner in seinem Vortragszyklus über das Markusevangelium am Beispiel der alttestamentlichen Propheten deutlich. Die Propheten des Alten Testamentes waren für ihn hohe Eingeweihte, die in ihren vorherigen Inkarnationen Mysterien-Einweihungen erfahren haben. Dies ergibt sich daraus, daß sie Geheimnisse Gottes über die Zukunft aussagen konnten, ohne daß in den biblischen Schriften von Einweihungsriten für sie berichtet wird. »Wenn man die Seelen der jüdischen Propheten verfolgt, so findet man, daß sie Wiederverkörperungen sind von Eingeweihten, die bei anderen Völkern eingeweiht waren und dort schon gewisse Stufen der Einweihung erstiegen hatten. Wenn wir also einen der jüdischen Propheten zurückverfolgen, so kommen wir zu anderen Völkern. Dort finden wir eine Initiiertenseele, die lange bei diesem Volke geblieben war; sie ging dann durch die Pforte des Todes und wurde wiederverkörpert bei dem jüdischen Volke. Und alle die einzelnen Gestalten – Jeremia, Jesaja, Daniel usw. –, wir müssen sie, wenn wir ihre Seelen in früheren Verkörperungen finden wollen, bei anderen Völkern suchen. Es ist wirklich, trivial gesprochen, so wie ein Nach-und-nach-sich-Versammeln der Eingeweihten der anderen Völker bei dem jüdischen Volke, wo die Eingeweihten in der Gestalt der Propheten auftreten. Dann aber ist es erklärlich, daß die Propheten so erscheinen, daß ihre Prophetengabe wie ein elementarisches Hervortreten ihres Inneren erscheint. Es ist die Erinnerung an das, was sie sich als Eingeweihte da und dort erworben haben.«[15]

So gehören die alttestamentlichen Propheten bei Rudolf Steiner zu den »großen geistigen Führern des Erdkreises der alten Zeiten«[16]. Ihr Ringen um das Volk Israel, ihre scharfen sozialkritischen Anklagen, ihr Kampf um das rechte Verständnis des Gottesdienstes, ihr ganz persönliches Leiden und ihre Verfolgungen, das alles wird bei Rudolf Steiner auf die höhere Ebene der »geistigen Einweihung« gehoben und damit eigentlich belanglos. Die biblische Deutung des Exils (Gefangenschaft des Volkes Israel in Babylon von 587 v.Chr. bis 538 v.Chr. – als Strafe für den Abfall des Volkes von seinem Gott, der es aus Ägypten geführt hat), als Zeit der Buße und der Umkehr, ist für Rudolf Steiners geisteswissenschaftliche Erkenntnis unwichtig. Aus seiner geistigen Schau in der »Akasha-Chronik« hat das Exil Israels in Babylon einen ganz anderen Sinn:

»Ja, weltgeschichtliche Tatsachen haben eben einen Sinn. Sie folgen den inneren Vorgängen, sie folgen den geistig-seelischen Vorgängen. Warum werden die althebräischen Völker so geführt, daß sie von Palästina aus in das chaldäische, in das assyrisch-babylonische, in das persische Element hineingeführt werden und dann wieder von Alexander dem Großen befreit werden? Wenn man es trocken aussprechen will, kann man sagen, daß es nur der äußere Übergang ist des Zarathustra aus dem Persertum in das jüdische Element. Sie haben ihn sich geholt, die Juden; sie sind zu ihm geführt worden bis zur Unterwerfung unter das persische Element, weil Zarathustra zu ihnen kommen wollte. Die äußere Geschichte ist ein wunderbarer Abdruck dieser Vorgänge.«[17]

In diesem geistesgeschichtlichen Rahmen wirken die Propheten, die »sich von Stufe zu Stufe emporgearbeitet haben durch Erkenntnis zum spirituellen Schauen, daß sie dadurch zur Vereinigung mit den in der Welt wirkenden spirituellen Impulsen gekommen sind und dadurch die Impulse, die sie selbst in der geistigen Welt empfinden, einverleibten dem Leben auf dem physischen Plan«[18]. Diese Deutung der im Alten Testament geschilderten historischen Ereignisse ist nun keine »geisteswissenschaftliche Schriftauslegung«, sondern sie ist das *»Ergebnis hellseherischer Forschung«*[19].

Alles, was die klassische Theologie mit ihren tradierten Methoden der Schriftauslegung zu den Propheten und der Heilsgeschichte Israels zu sagen hat, muß nach Rudolf

Steiner weit hinter dem zurückbleiben, was die »Geisteswissenschaft« mit ihren Methoden aufzuzeigen hat; ist doch die Anthroposophie die einzig zeitgemäße Form, in der der moderne Mensch solche Ereignisse aus der vergangenen Zeit verstehen kann.

Nur die anthroposophische Erkenntnismethode – und dieser Anspruch Rudolf Steiners ist absolut! – kann dem modernen Menschen auf der Höhe seines Bewußtseins den Schlüssel geben zum Verständnis der Dinge, die in den Heiligen Schriften aufgezeichnet sind. Nur über die Anthroposophie ist es möglich, das Bedürfnis des modernen Menschen nach sicherem – das heißt methodisch exaktem – Wissen über geistige Tatsachen zu befriedigen. Überlieferte religiöse Wahrheiten, über die bisher nur Glaubensaussagen gemacht wurden, bedürfen daher, um vom modernen Menschen sachgemäß verstanden zu werden, der anthroposophischen Deutung, der anthroposophischen Entschlüsselung. Nachdem diese alten Wahrheiten von der Anthroposophie für den modernen Menschen verständlich und nachvollziehbar gemacht worden sind, können sie für ihn eine neue, lebendige Bedeutung bekommen.

»Erkenntnis« und persönliche Moral

Zum Schluß muß noch auf eine Besonderheit des anthroposophischen Schulungsweges eingegangen werden. Otto Fränkel-Lundborg, der im Auftrag des Goetheanums in Dornach eine kurze Schrift mit dem Titel »Was ist Anthroposophie?« herausgegeben hat, schreibt: »Nur für die Anthroposophie, für keine andere Wissenschaft ist moralisches Verhalten ein Teil der Methode.«[20]

Rudolf Steiner ist sich sehr wohl der Tatsache bewußt, daß ein Mensch, der sich in höhere geistige Sphären hineinarbeitet, dort geistigen Wesenheiten begegnet, die nicht nur Gutes für die Menschheit wollen. Zur geistigen Wirklichkeit gehört auch die Wirklichkeit des Bösen. Luzifer und Ahriman, die beiden personalen Mächte, die dem Menschen einerseits geistige Irrbilder vorspiegeln und ihn andererseits ganz in der Physis festhalten wollen, verfügen über große Heere unter den geistigen Wesen, die den Geistesforscher bedrängen. Aus diesem Grund ist es notwendig, daß der geistig forschende Mensch verschiedene Vorkehrungen trifft, die ihn vor falschen Einflüssen schützen und ihn vor Irrtümern bewahren. Jeder, der sich einmal auf den anthroposophischen Schulungsweg gemacht hat, kennt die goldene Regel der »Geisteswissenschaft«: »Wenn du einen Schritt vorwärts zu machen versuchst in der Erkenntnis geheimer Wahrheiten, so mache zugleich drei Schritte vorwärts in der Vervollkommnung deines Charakters zum Guten.«[21] Fortschritt in der Erkenntnis ist also unmittelbar verbunden mit dem ethischen Fortschritt des Forschenden. »Geistesschulung ist immer auch Charakterschulung« lautet daher ein geflügeltes Wort unter Anthroposophen. Durch die Vervollkommnung des eigenen Charakters will der Geistesforscher sich davor bewahren, daß ihm Irrtümer unterlaufen, die sein ganzes Forschen in eine falsche Richtung lenken.

Er will sich schützen vor Verblendung, vor Einbildung, vor den Irrbildern einer herumvagabundierenden Phantasie, und schließlich braucht er einen Schutz gegen die in seinem Inneren auftauchenden Wünsche, die sich leicht als Ergebnisse der Forschung in seinem Bewußtsein festsetzen können. Absolute innere Wahrhaftigkeit und rückhaltlose Aufrichtigkeit sind daher Grundbedingungen »geisteswissenschaftlichen« Forschens. Dazu gehört natürlich auch, daß es der »Geistesschüler« lernt, Geduld zu üben, um der geistigen Welt nicht mit Gewalt Geheimnisse entreißen zu wollen, die sie ihm noch nicht offenbaren will. Ausdauer und Duldsamkeit sind daher ebenso notwendig wie die Unbefangenheit allem gegenüber, was sich dem geistig Forschenden offenbaren will. »Milde und Schweigsamkeit in wahrer Geduld öffnen die Seele der Seelenwelt, den Geist dem Geisterlande.«[22]

Hand in Hand mit der Geistesschulung geht auch eine körperliche und geistige Gesundung: »Man richte sein Augenmerk darauf, die körperliche und geistige Gesundheit zu fördern ... Nur aus einem gesunden Menschen kann gesunde Erkenntnis kommen ... Besonders wichtig für den Geheimschüler ist das Streben nach völliger geistiger Gesundheit. Ungesundes Gemüts- und Denkleben bringt auf alle Fälle von den Wegen zu höheren Erkenntnissen ab. Klares, ruhiges Denken, sicheres Empfinden und Fühlen sind hier die Grundlage. Nichts soll ja dem Geheimschüler ferner liegen, als die Neigung zum Phantastischen, zum aufgeregten Wesen, zur Nervosität, zur Exaltation, zum Fanatismus. Einen gesunden Blick für alle Verhältnisse des Lebens soll er sich aneignen; sicher soll er sich im Leben zurechtfinden; ruhig soll er die Dinge zu sich sprechen und auf sich wirken lassen.«[23]

Die moralische Vervollkommnung, die auf dem Weg der Geistesschulung stattfindet, schließt sogar die ästhetische Vervollkommnung mit ein: »Es ist notwendig, daß der Mensch, der Geheimschüler wird, nichts verliere von seinen Eigenschaften als edler, guter und für alles physisch Wirkliche empfänglicher Mensch. Er muß im Gegenteile seine moralische Kraft, seine innere Lauterkeit, seine Beobachtungsgabe während der Geheimschülerschaft fortwährend steigern. Um ein Einzelnes zu erwähnen: Während der elementaren Erleuchtungsübungen muß der Geheimschüler dafür sorgen, daß er sein Mitgefühl für die Menschen- und Tierwelt, seinen Sinn für Schönheit der Natur immerfort vergrößere. Sorgt er nicht dafür, so stumpfen sich jenes Gefühl und dieser Sinn durch solche Übungen fortwährend ab. Das Herz würde hart, der Sinn stumpf. Und das müßte zu gefährlichen Ergebnissen führen.«[24]

Nichts von dem, was der geistig Forschende an höheren

Erkenntnissen empfängt, darf er zu seinem persönlichen Eigennutz anwenden, er darf diese Erkenntnisse auch niemals dazu verwenden, um Macht über andere Menschen auszuüben: »Das sind die drei Irrpfade, auf welche der Geheimschüler geraten kann: das Gewaltmenschentum, die Gefühlsschwelgerei, das kalte, lieblose Weisheitsstreben.«[25]

Ein Mensch, der sich auf diese intensive Weise bemüht, Erkenntnisse aus den höheren Welten zu erlangen, wird die Stufen der Einweihung emporschreiten, seine »Lotosblumen«[26] ausbilden, d.h. die höheren Sinnesorgane der Seele, mit Hilfe derer er in der Lage ist, die Wirklichkeiten der geistigen Welt zu schauen, und so ein »wirklich neuer Mensch«[27] werden.

Die Verwandlung des Charakters zum Guten hin, die sich während der geistigen Schulung vollzieht, bedeutet somit zugleich auch einen Fortschritt in der moralischen Vervollkommnung des einzelnen Menschen – und damit auch der gesamten Menschheit. Denn je mehr Menschen sich dieser geistig-charakterlichen Schulung unterziehen, desto positiver im moralischen Sinne wird das geistige und soziale Klima unter den Menschen.

Diesen Zusammenhang von moralischem Fortschritt und erweiterter Erkenntnis hat Rudolf Steiner in einem »Grundsatz« so zusammengefaßt: »Jede Erkenntnis, die du suchst, nur um dein Wissen zu bereichern, nur um Schätze in dir anzuhäufen, führt dich ab von deinem Wege; jede Erkenntnis aber, die du suchst, um reifer zu werden auf dem Wege der Menschenveredelung und der Weltenentwicklung, die bringt dich einen Schritt vorwärts.«[28]

»Erkenntnis« und die Bedeutung Jesu Christi

Es soll hier nicht untersucht werden, ob Rudolf Steiner alle methodischen Schritte seiner »Geisteswissenschaft« selbst entwickelt oder Elemente aus der buddhistisch-hinduistischen Tradition übernommen hat. Es ist im Rahmen dieser Untersuchung auch unwesentlich, ob Rudolf Steiner sein anthroposophisches Weltbild nur aus seiner eigenen »Geistesschau« heraus entwickelt hat, oder ob er eklektisch aus der Gnosis, der Bhagawadgita, dem Neuplatonismus, der Kabbala und anderen Quellen geschöpft hat, um sich dann daraus sein eigenes Weltbild zu schaffen.

Ebenso würde es den Rahmen dieser Arbeit sprengen, wenn untersucht werden sollte, welchen Einfluß die Theosophin Helena Petrowna Blavatsky (1831–1891) auf die geistige Grundlegung der Anthroposophie hatte. Zweifellos beeinflußte sie die geistige Entwicklung Rudolf Steiners zu einem bestimmten Zeitpunkt seines Lebenslaufes auf außerordentliche Weise. Ungeachtet der Tatsache, daß er sich stets von der indisch-buddhistischen Färbung der Theosophie, wie sie in der theosophischen Gesellschaft vorherrschte, distanziert hat, lassen sich bemerkenswerte Parallelitäten in den Werken Steiners und Blavatskys nachweisen. Trotz der Trennung von der theosophischen Gesellschaft 1912 wegen der Proklamation des indischen Knaben Krishnamurti als wiedergeborenen Christus durch Annie Besant, verdankt Steiner der Gesellschaft doch entscheidende Impulse für sein geisteswissenschaftliches Forschen.

Auch der Einfluß des Franzosen Edouard Schure (1841–1929) auf ihn, der zweifelsohne erheblich war und die Erkenntnisse, die er aus dem intensiven Studium des Rosenkreuzertums gewonnen hatte, sollen hier nicht weiter diskutiert werden.

Die Beantwortung der Frage, aus welchen Quellen Steiner in seiner geisteswissenschaftlichen Arbeit schöpfte, welche Traditionen ihn letztendlich – auch von ihm selbst uneingestanden! – prägten und so zur charakteristischen Ausformung des anthroposophischen Erkenntnisweges führten, bedarf einer eigenen großen Untersuchung. Sie kann im Rahmen dieser Arbeit nicht geleistet werden.

Für Anthroposophen, die mit ganzem Ernst den von Steiner vorgezeichneten Erkenntnisweg gehen, gilt ohnehin, was der Meister in seiner Vorrede zur dritten Auflage seines Buches »Die Theosophie« geschrieben hat: »Der Verfasser dieses Buches schildert nichts, wovon er nicht Zeugnis ablegen kann durch Erfahrung, durch eine solche Art von Erfahrung, die man in diesen Gebieten machen kann. Nur in diesem Sinne Selbsterlebtes soll dargestellt werden.«[29]

Wichtig für unsere Fragestellung ist, welche Bedeutung die »geisteswissenschaftliche« Forschung bei Rudolf Steiner im Hinblick auf die Person Jesu Christi hat. Inwiefern ist sie eine notwendige Bedingung für das Verständnis seiner Person und seines Werkes? Wohlgemerkt: Für das Verständnis der Person Jesu Christi – *nicht* für den Glauben an ihn! Die Geisteswissenschaft will ja gerade über den persönlichen Glauben hinausführen.

An diesem Punkt ist allerdings der Anspruch, den Steiner mit seiner Anthroposophie erhebt, enorm.

Die »Geisteswissenschaft« »ist keine neue Lehre«[30]; sie ist vielmehr ein »Instrument, um die religiösen Urkunden der christlichen Offenbarung zu begreifen ... Es gibt nur eine einzige Theosophie oder Geisteswissenschaft, *nur ein einziges Instrument zur Verkündigung der Wahrheit* (Hervorhebung durch E.K.). Und wir wenden es an, um die Schätze des Geisteslebens der Menschheit zu heben. Dieselbe Geisteswissenschaft ist es, die wir anwenden, um einmal die Bhagavadgita, ein anderes Mal das Lukas-Evangelium zu erklären. Das ist das Große an der geisteswissenschaftlichen Strömung, daß sie *in jeglichen Schatz eindringen kann, der auf geistigem Gebiete der Menschheit gegeben ist.«*[31] In diesem Sinn nennt Steiner die anthroposophische »Geisteswissenschaft« auch die »Initiationswissenschaft der modernen Zeit«[32].

Diese Feststellung hat weitreichende Konsequenzen: »Wenn man in der richtigen Weise durch die Initiation durchgeht, erlebt man auf der einen Seite eine Verstärkung des Ich auf dem einen Pol, auf der anderen Seite die Wahrheit des Mysteriums von Golgatha. Es erhebt sich *hinter den Evangelien,* hinter dem, was man durch gewöhnliches Lesen dem Inhalte nach erkennen kann, ein intuitives Schauen und Blicken, aus dem ja schließlich die Evangelien selber hervorgegangen sind. Der Initiierte ist *nicht angewiesen auf das, was ihm die Evangelien sagen.* Durch dieselbe Kraft, durch die er das geschilderte Bewußtsein von seinem eigenen Dasein nach dem Tode erhält, durch Inspiration und Intuition, erhält er die Imagination und die Wahrheit von der Außenwelt objektiv gegeben, *so daß er das Evangelium selbst schreiben könnte, wenn es nicht geschrieben wäre. Er erhält sogar über die Evangelienschreiber das richtige Bewußtsein«*[33] (Hervorhebungen durch E.K.).

Hier wird deutlich, daß Steiner die »Geisteswissenschaft«, genauer gesagt den »geisteswissenschaftlichen« Erkenntnisweg, als absolut notwendig ansieht, um die Person und das Werk Jesu Christi angemessen verstehen zu können. »So führt die moderne Initiationswissenschaft im anthroposophischen Sinne zu einer innerlich lebendigen Erfassung des Mysteriums von Golgatha. So ist sie nicht ein Weg hinweg von dem Christus, sondern ein Weg zu dem Christus. *Der Christus wird durch sie auf eine geistige Weise gefunden«*[34] (Hervorhebung durch E.K.).

In der Zeit vor dem Kommen des Christus hatten die »Initiierten« der Urzeit mit hohen geistigen Wesenheiten Kontakt, die ihnen die Geheimnisse der Geburt des Menschen beibrachten und sie über die Geheimnisse der lebenden Seelen unterrichteten. »Es waren die Mysterien der Geburt des Menschen, die in alten Zeiten gelehrt worden sind.«[35] Die hohen geistigen Lehrer der Menschheit, die aus den göttlichen Welten zu den Menschen herabstiegen, konnten den Menschen nichts über das Mysterium des Todes sagen, da sie ihn selbst nicht durchgemacht hatten. »Von der Geburt wußten diese geistig-göttlichen Lehrer der Menschheit, nicht aber von dem Tode.«[36] Sie kannten nicht die Furcht der Menschen, mit dem Tod des Leibes zugleich ihre Seele zu verlieren. Dieser Zustand vergrößerte die Kluft zwischen der Menschheit und ihren hohen geistigen Führern immer mehr.

»Und es wurde beschlossen im Reiche der Götter, einen Gott herunterzuschicken auf die Erde, damit er als Gott durch den Tod ginge und in Götterweisheit das Erlebnis von dem Tode aufnehme. Das enthüllt sich durch das intuitive Anschauen des Mysteriums von Golgatha, durch das nicht nur etwas für den Menschen geschehen ist, *durch das etwas geschehen ist für die Götter.* Die Götter sahen gewissermaßen, während sie früher nur sprechen konnten von dem Mysterium der Geburt zu den Erdenmenschen, wie die Erde allmählich entwuchs denjenigen Kräften, die sie selber hineingelegt hatten, und wie der Tod die Seele ergreifen würde. Und so schickten sie den Christus auf die Erde, *damit ein Gott den Menschentod kennenlerne und mit seiner Götterkraft den Menschentod besiege* (Hervorhebungen durch E.K.).

Das ist das göttliche Ereignis: *Die Götter haben um ihrer eigenen Schicksale willen das Mysterium von Golgatha als ein göttliches Ereignis eingeleitet in die Evolution des Kosmos, die Götter haben um der Götter willen dieses Mysterium von Golgatha geschehen lassen* (Hervorhebung durch E.K.).

Während früher alle Ereignisse in geistig-göttlichen Welten geschehen sind, stieg jetzt ein Gott herunter, und es wurde auf der Erde vollzogen ein überirdisches Ereignis in einer irdischen Gestalt selber. Dasjenige, was sich auf Golgatha vollzog, war also ein auf die Erde versetztes geistiges Ereignis.

Das ist das Wichtige, was man durch die moderne anthroposophische Geisteswissenschaft über das Christentum erfährt«[37] (Hervorhebung durch E.K.).

Der Mensch mit seinen gewöhnlichen, an den irdischen und menschlichen Dingen orientierten Denkweisen, kann das Mysterium von Golgatha nicht verstehen. Er wird immer mit seinem Denken an den irdischen Dingen haften bleiben und nichts verstehen von der überirdischen Bedeutung dessen, was auf Golgatha geschehen ist. Der Mensch benötigt zur verstandesmäßigen und begrifflichen Erfassung des Mysteriums von Golgatha einen Verstand, »der über das Irdische hinausgeht. *Also bloß auf Anregung der Initiationswissenschaft* (Hervorhebung durch E.K.) können wir zu dem innerhalb des Erdendaseins vollzogenen Ereignis von Golgatha hinschauen als zu etwas, was zugleich als ein Kosmisches und als ein Irdisches in die Erde hereingestellt worden ist.«[38]

Ohne den »geisteswissenschaftlichen« Erkenntnisweg ist es also nach Steiner für den Menschen nicht möglich, das Mysterium von Golgatha als ein Ereignis von kosmischer Auswirkung zu begreifen und zugleich seine Wirkungen auf die Menschheit zu erkennen. Indem die Anthroposophie das Geschehen von Golgatha dem modernen Menschen erklärt und es für ihn verstehbar und existentiell nachvollziehbar macht, will sie jedoch nicht einfach nackte geistige Erkenntnis vermitteln, sondern sie will das religiöse Leben der Menschen grundlegend erneuern.

»Anthroposophie setzt sich zur Aufgabe, die stärksten Zweifel, die nur durch äußere Wissenschaft in die menschliche Seele gesetzt werden können, hinwegzufegen aus dieser menschlichen Seele und Wesenheit, weil die anthroposophische Wissenschaft gerade aus dem *Geist der Wissenschaft heraus dasjenige zu überwinden hat,* was die äußere Wissenschaft nicht überwinden kann. Diese anthroposophische Wissenschaft wird in die menschliche Seele wiederum *wahrhaftig religiöses Leben pflanzen können.* Sie wird nämlich nicht beitragen können zur Ertötung des religiösen Sinnes, sondern sie kann zu der Menschheitsentwicklung hinzufügen, daß der Mensch wiederum einen *religiösen Sinn für alles erhält;* daß der Mensch ein *neues Verständnis des Christentums* erhält durch seine Hinneigung zu dem Mysterium von Golgatha, das von *allen Menschen eigentlich erst durch sie richtig verstanden und angenommen werden kann«*[39] (Hervorhebungen durch E.K.).

Dabei will die Anthroposophie trotz ihres hohen Anspruchs an sich selbst keine neue Konfession begründen – das würde ihrem Wesen zutiefst widersprechen –, sondern sie will eine Dienerin sein »der Religionen, die schon da sind«, eine »Wiederbeleberin des Christentums«, eine »Erweckerin zur Auferstehung des inneren religiösen Sinnes der Menschheit«[40].

3. Christliche Glaubensinhalte in der Sicht R. Steiners

Gott, Mensch und Welt

Die Christenheit bekennt in ihrem trinitarischen, apostolischen Glaubensbekenntnis im ersten Artikel: »Ich glaube an Gott den Vater, den Allmächtigen, den Schöpfer des Himmels und der Erde.« Gott wird hier als eine personale Macht gedacht, die aus ihrem eigenen, freien Willen heraus den ganzen Kosmos ins Leben gerufen hat. Gott ist in seiner Größe derjenige, der jenseits seiner eigenen Schöpfung steht. Er steht ihr frei gegenüber und ist kein Teil von ihr. Er ist als Schöpfer ewig, während seine Schöpfung vergänglich ist.

Von Gott zu reden, heißt jedoch auch zugleich vom Menschen zu reden. Alle Versuche, spekulativ von »Gott an sich« zu reden, führen in die Irre. Mancher hat es schon versucht, aber er mußte logischerweise scheitern. Unsere Begrifflichkeit reicht nicht aus, den grenzenlosen Gott zu beschreiben, weil unser Denken, unsere Wahrnehmungsfähigkeit begrenzt sind. Gott aber ist grenzenlos. Daher liegt es in der Natur der Sache, daß, wenn wir von Gott reden, wir auch automatisch vom Menschen, als Gottes Geschöpf, reden. Wer über Gott nachdenkt, der denkt auch zugleich über den Menschen nach. Dies bedeutet nicht, daß Gott und Mensch identisch sind, wohl aber, daß beide aufeinander bezogen bleiben.

Für die Anthroposophie erscheint der Mensch in einer hochdifferenzierten Viergliedrigkeit:

- Physischer Leib = sichtbarer körperlicher Leib,
- Ätherleib = Lebensleib oder Bildekräfteleib,
- Astralleib = Seelenleib,
- Ich = Wesenskern des Menschen.

Übersicht I: *Zum Menschenbild Steiners*

		Sichtbares Auftreten im Leben des Menschen	Verbleib nach dem Tode des Menschen
niederer Mensch	Physischer Leib	Geburt, Wachstumsprozeß	stellt Funktionen ein, Auflösung
	Ätherleib (Lebensleib, Bildekräfteleib)	Zahnwechsel	löst sich vom phys. Leib, sieht Panorama des Lebens vom Tod bis zur Geburt, geht in Weltenäther ein
	Astralleib (Seelenleib, Empfindungsleib)	Pubertät	löst sich nach Durchleben von Leid und Freude, die man anderen während des Lebens zugefügt hat, auf und geht in die Astralwelt ein
	Ich	21. Lebensjahr	ist ewig, reinkarniert wieder, nachdem es in der geistigen Welt den Entschluß dazu gefaßt hat. Sucht sich sein Elternpaar selbst aus
höherer Mensch	Geistselbst (Manas) Lebensgeist (Buddhi) Geistesmensch (Atma)	Diese höheren Wesensglieder des Menschen werden sich in den künftigen Entwicklungsstufen des Kosmos entfalten siehe Übersicht II.	

Steiners Anschauung vom Menschen läßt sich auch so beschreiben: Drei ineinander liegende und ineinander greifende Leibeshüllen umgeben das Zentrum der Menschennatur, die Person selbst, den Wesenskern des Menschen: das Ich. Das Ich zeichnet sich dadurch aus, daß es ein Bewußtsein von sich selbst hat. Nur das Ich kann von sich selbst sagen: »Ich bin.« Damit hat es eine eigene Qualität gegenüber allen anderen Individuen und gegenüber der Welt.

Den »physischen Leib« hat der Mensch mit der ganzen mineralischen Welt gemeinsam. In ihm spielen sich alle physikalischen und chemischen Prozesse ab, die sich naturwissenschaftlich untersuchen lassen. Bestünde der Mensch nur aus mineralischen Stoffen, so wäre er ein ebenso lebloser Körper wie alles Mineralische. Um das Mineralische zu beleben, um Wachstum und Fortpflanzung zu ermöglichen, wirkt noch ein zweiter Faktor am mineralischen Körper, der »Ätherleib«. Er ist mit den Sinnen nicht wahrnehmbar. Er ist nur in seinen formgebenden Auswirkungen zu erkennen. Hätte der Mensch nur den physischen Leib und den Ätherleib, so stünde er auf einer Stufe mit der Pflanzenwelt.

Der »Astralleib« ist Träger des Bewußtseins und der Erlebnisse des Menschen. Ein nur geformter mineralischer Leib ist nicht fähig, innere Erlebnisse zu haben. Daher ist der Astralleib notwendig, um den Menschen zu einem empfindenden Wesen zu machen. Hätte der Mensch nur den physischen Leib, den Ätherleib und den Astralleib, so stünde er auf einer Stufe mit den Tieren.

Erst sein »Ich« macht den Menschen zum Menschen. Es bewohnt die übrigen drei Leibesglieder wie Hüllen und ist Träger des Geistigen und des wachen Bewußtseins, das nach vorne strebend in dieser Welt wirken will. Es ist fähig, die Welt als Ganzes zu erkennen und analytisch zu durchdringen. Es ist aber vor allem fähig – und darauf legt Rudolf Steiner großen Wert –, in die Welt frei schöpferisch einzugreifen.

Für Rudolf Steiner kommt ein Kind leiblich, seelisch und geistig unfertig auf die Welt. Die einzelnen Leibesglieder entwickeln sich gesetzmäßig im Prozeß der Reifung und bereiten sozusagen die Stätte für das wache und erwachsene Ich. Der Abschluß in der Entwicklung des *Ätherleibes* liegt im Zahnwechsel, im Hervorbringen der zweiten Zähne. Der *Astralleib* hat sich bei der Geschlechtsreife ganz mit dem Ätherleib und mit dem physischen Leib verbunden. Das Ich ist ausgereift mit Abschluß des dritten Jahrsiebts, also mit dem 21. Lebensjahr.

Stirbt der Mensch, so stellt zunächst der *physische Leib* seine lebenserhaltenden Funktionen ein. Der *Ätherleib* löst sich von dem stofflichen Körper, so daß ungehindert die Kräfte der Natur ihn zersetzen und auflösen können. Der Ätherleib löst sich in den folgenden zwei bis drei Tagen auf und geht ein in die ätherische Stofflichkeit des Kosmos. Während dieses Prozesses erlebt der Verstorbene das ganze Panorama seines eben vollendeten Erdenlebens, und zwar rückwärts, beginnend mit der Stunde seines Todes, endend mit seiner Geburt. Nun folgt die Phase der Auflösung des *Astralleibes.*

Nach der Befreiung von seinen Begierden, die als heftiges Entbehren erlebt wird (Rudolf Steiner sieht hier den Ursprung für den Begriff des Fegefeuers), widerfährt dem Verstorbenen nun auf seinem Rückweg durch die Zeit seines verflossenen Erdenlebens alles, was er an anderen lebenden Wesen getan hat. Alles, was er ihnen an Freud und Leid zugefügt hat, erleben nun der Astralleib und das Ich des Verstorbenen an sich selbst.

Gleichzeitig wird erkannt, was man auf der Erdenwelt in Unordnung gebracht hat, wo Schuld übriggeblieben ist. Das *Ich* sehnt sich danach, wieder auf die Erdenwelt zurückzukommen, um alles ordnen und in Harmonie bringen zu können. Dieser Zustand dauert ungefähr ein Drittel der Zeit des vergangenen Erdenlebens. Ist das Erleben des Verstorbenen bei seiner Geburt angekommen, hat sich der Astralleib aufgelöst.

Übrig bleibt alleine das Ich, das ewig ist. Ihm erschließt sich die eigentliche geistige Welt. In der geistigen Welt findet es die Ichheiten der anderen Menschen, mit denen es auf der Erde zusammen war. Unter der Führung höherer geistiger Wesen erkennt jeder, was an seinem Leben gut oder schlecht war, wo er anderen gegenüber schuldig geworden ist.

Übersicht II: *Die Entwicklungsstufen des Kosmos in bezug auf die Entwicklung des menschlichen Bewußtseins*

vergangen	1 Saturnstufe	Trance-Bewußtsein	
	2 Sonnenstufe	Schlaf-Bewußtsein	
	3 Mondstufe	Traum-Bewußtsein	
gegenwärtig	4 Erdstufe	Wach-Bewußtsein, Ich-Bewußtsein	
zukünftig	5 Jupiterstufe	Geistselbst – Gesteigerte Imagination	physischer Leib verschwindet
	6 Venusstufe	Lebensgeist – Gesteigerte Inspiration	Ätherleib verschwindet
	7 Vulkanstufe	Geistesmensch – Gesteigerte Intuition	Astralleib verschwindet = reines Ich

In der geistigen Welt findet eine unmittelbare geistige Begegnung zwischen den »Ichheiten« statt. Es werden Beziehungen geknüpft, die Auswirkungen in den zukünftigen Reinkarnationen haben.

Nach einer bestimmten Zeit wird das Ich wieder mit einem neuen Astralleib und einem neuen Ätherleib ausgestattet und wird von geistigen Wesen zu einem Elternpaar gebracht, das ihm den physischen Leib bereitet. Ein neues Erdenleben beginnt; eine neue *Reinkarnation* nimmt ihren Anfang. Ausgestattet mit den Erfahrungen des vorherigen Erdenlebens beginnt das Ich seinen neuen Weg.

Physischer Leib, Ätherleib, Astralleib und Ich bilden zusammen die Form, in der uns der Mensch im gegenwärtigen Zustand der Erde entgegentritt und wie wir ihn wahrnehmen können.

Innerhalb des menschlichen Ichs liegen jedoch die Anlagen für die zukünftige Entwicklung des Menschen verborgen: das »Geistselbst« (Manas), der »Lebensgeist« (Buddhi) und der »Geistesmensch« (Atma). Steiner bezeichnet den physischen Leib, den Ätherleib und den Astralleib zusammen als den *niederen Menschen.*

Das »Geistselbst«, der »Lebensgeist« und der »Geistesmensch« bilden den *höheren Menschen.* In der Mitte zwischen dem niederen Menschen und dem höheren Menschen steht das Ich.

Worin gründet dieses Menschenbild? Steiner geht von sieben Entwicklungsstufen der Erde aus, wobei er jede Entwicklungsstufe nach einem Planeten benennt: die Saturnstufe, die Sonnenstufe, die Mondstufe, die Erdenstufe, die Jupiterstufe, die Venusstufe und die Vulkanstufe.

Auf jeder Entwicklungsstufe besitzt die »Menschenwesenheit« ein anderes Bewußtsein; gleichzeitig ändert sich auch auf jeder Stufe ihre leibliche Form und Beschaffenheit. Grundlegend für die gesamte Entwicklung war das Geschehen zur Zeit der Saturnstufe. Hohe geistige Wesen bildeten zu der Zeit Keime und Anlagen, die sich in der späteren Entwicklung der Menschheit entfalten sollten. In sieben Kreisläufen arbeiteten die Geister des Willens (Throne), die Geister der Weisheit (Herrschaften), die Geister der Bewegung (Mächte), die Geister der Form (Gewalten), die Geister der Persönlichkeit (Urkräfte), die Geister der Söhne des Feuers (Erzengel) und die Geister der Söhne des Zwielichtes (Engel).[1]

Der Mensch bekommt während dieses Zustandes einen physischen Leib, aber sein Bewußtsein ist das einer »völligen Dumpfheit«[2]. Dennoch können auf ihn schon die »hohen Wesenheiten« der Seraphim und Cherubim einwirken.

»Auf dem Saturn ist der physische Menschenleib in verschiedenen Stufen ausgebildet worden. Er hätte damals noch nicht Träger eines Ätherleibes sein können. Dieser ist auch erst während des Sonnenlaufs dazugekommen. Dabei wurde zugleich in den aufeinanderfolgenden Sonnenkreisläufen der physische Leib so umgestaltet, daß er Träger dieses Ätherleibes sein konnte, bzw. daß der Ätherleib in dem physischen Leib arbeiten konnte. Während der Mondentwicklung kam der Astralleib hinzu; und wieder wurden der physische Leib und der Ätherleib so umgestaltet, daß sie geeignete Träger und Werkzeuge abgeben konnten für den auftretenden Astralleib. Der Mensch ist somit auf dem Monde ein Wesen, zusammengesetzt aus physischem Leib, Ätherleib und Astralleib. Durch den Ätherleib ist er imstande, Lust und Leid zu empfinden, durch den Astralleib ist er ein Wesen mit Affekten, Zorn, Haß, Liebe und so weiter.

An den verschiedenen Gliedern seines Wesens sind, wie gezeigt worden ist, höhere Geister tätig. So hat der Ätherleib auf dem Monde durch die Geister des Zwielichtes die Befähigung zu Lust und Leid erhalten; dem Astralleib wurden die Affekte durch die Feuergeister eingepflanzt.

Gleichzeitig spielte sich während der drei großen Kreisläufe auf Saturn, Sonne und Mond noch etwas anderes ab. Während des letzten Saturnkreislaufes wurde der Geistesmensch (Atma) mit Hilfe der Geister des Willens (Throne) gebildet. Während des vorletzten Sonnenkreislaufes kam zu diesem unter Beistand der Cherubim der Lebensgeist (Buddhi) hinzu. Und während des drittletzten Mondkreislaufes vereinigte sich mit den beiden durch Hilfe der Seraphim das Geistselbst (Manas). Es sind also eigentlich während dieser drei großen Kreisläufe zweierlei Menschenursprünge entstanden: Ein niederer Mensch, bestehend aus physischem Leib, Ätherleib und Astralleib, und ein höherer Mensch, bestehend aus Geistesmensch (Atma), Lebensgeist (Buddhi) und Geistselbst (Manas). Die niedere und die höhere Menschennatur gingen zunächst getrennte Wege.

Die Erdentwicklung ist dazu da, die beiden getrennten Menschenursprünge zusammenzuführen (Hervorhebung durch E.K.).«[3] Hier liegt nach Steiner die wichtigste Aufgabe des bewußt lebenden und handelnden menschlichen Ichs.

In den künftigen Entwicklungsstufen wird sich die Form des Menschen weiter wandeln: Auf der Jupiterstufe wird der Mensch keinen physischen Leib mehr besitzen; auf der Venusstufe wird er keinen Ätherleib mehr haben; die Vulkanstufe schließlich wird das reine menschliche Ich herausbilden, das keinen Astralleib mehr besitzt.

Der Bewußtseinszustand des Menschen, der auf der Saturnstufe noch dumpf und wie in Trance war, entwickelt sich auf der Sonnenstufe zu einem Bewußtsein, das dem eines traumlosen Tiefschlafes gleicht. Während der Mondstufe besitzt der Mensch schon ein Bewußtsein, das dem eines Traumes mit vielen Bildern gleicht. Die heutige Erdenstufe, die das menschliche Ich hervorgebracht hat, kennt den Menschen mit einem klaren Wachbewußtsein.

Während der Jupiterstufe wird der Mensch über die Fähigkeit der gesteigerten Imagination, während der Venusstufe über die der gesteigerten Inspiration und während der Vulkanstufe über die der gesteigerten Intuition verfügen.

So liegt bei Steiner der Ursprung des Kosmos, der Materie und der Menschheit im Göttlich-Geistigen und führt *entwicklungsmäßig* wieder dort hin.

Die Erdenstufe selbst umfaßt sieben Epochen, von denen wir nach Steiners Sicht bisher vier durchlaufen haben: die polarische Epoche, die hyperboräische Epoche, die lemurische Epoche und die atlantische Epoche; gegenwärtig erleben wir die nachatlantische Epoche.

Die nachatlantische Epoche gliedert sich wieder auf in sieben Kulturen, von denen wir wiederum bereits vier Kulturen durchlaufen haben: die altindische Kultur, die urpersische Kultur, die ägyptisch-chaldäische Kultur und die griechisch-lateinische Kultur. Ungefähr seit dem 13. Jahrhundert befinden wir uns in der fünften nachatlantischen Kultur.

Steiner weist wieder jeder Epoche und jeder Kulturstufe einen besonderen Bewußtseinszustand zu. Es würde den Rahmen dieses Buches sprengen, sie alle darzustellen; wesentlich für das anthroposophische Verständnis der Christenheit in ihrer überlieferten Form ist, daß sie ihre grundlegenden Glaubensentscheidungen während der griechisch-lateinischen Kultur fällte, in der nach anthroposophischem Verständnis die »Verstandes- und Gemütsseele« herrschte, während wir heute, in der fünften nachatlantischen Kultur, angeblich im Zeitalter der »Bewußtseinsseele« leben.

Schöpfung oder Evolution?

Wo liegt der Ursprung für diesen fortdauernden Prozeß des Werdens und Vergehens, des Geborenwerdens und Sterbens? Wer hat alles ins Leben gerufen, wer führt alles zur Vollendung?

Die Christenheit antwortet auf diese Fragen mit dem Bekenntnis von Gott, dem Schöpfer, der am Anfang den

Übersicht III: *Die Epochen der Erdstufe:*

vergangen	1. polarische Epoche	
	2. hyperboränische Epoche	
	3. lemurische Epoche	»Adam und Eva« – »Hauptpaar« Sündenfall
	4. atlantische Epoche	
	5. nachatlantische Epoche = Gegenwart	

Übersicht IV: *Die Kulturen der nachatlantischen Epoche*

	1. Altindische Kultur	
vergangen	2. urpersische Kultur	
	3. ägyptisch-chaldäische Kultur	
	4. griechisch-lateinische Kultur	Jesus Christus – Auferstehung: reines Phantom (s. Übersicht II) entsteht, Luziferische Einflüsse zurückgedrängt.
	5. Neuzeit = Gegenwart	

ganzen Kosmos ins Leben rief und der am Ende aller Zeiten der Vollender sowohl des einzelnen Menschenlebens als auch des ganzen Kosmos sein wird.

Rudolf Steiner geht einen anderen Weg. Er betont, daß die Frage nach dem Ursprung heute zeitgemäß nicht mehr mit der Aussage »Ich glaube« beantwortet werden könne, sondern mit der Aussage: »Ich erkenne, ich weiß!« Hier liegt ein großer Unterschied. Eine Glaubensaussage sagt: »Ich vertraue darauf, daß es wahr ist, auch wenn ich es jetzt nicht beweisen kann.«

Rudolf Steiner ist der Überzeugung, daß diese Antwort dem modernen Menschen nicht mehr genügen kann, weil sein Bewußtsein schon weiter ist, als es das Bewußtsein der Menschheit damals war, als die Bekenntnisse der frühen Christenheit formuliert wurden. Nach Rudolf Steiner will der moderne Mensch exakt wissen, wo der Ursprung des Kosmos und des Lebens liegt. Diese Antwort könne ihm die Anthroposophie geben. Ja, sie könne ihm sogar die Methoden liefern, mittels deren er sich selbst davon überzeugen könne, daß die Aussagen Rudolf Steiners stimmten.

Für Steiner und seine anthroposophische Schau des Menschen ist es nun wesentlich, daß die Menschheit, um an das Ziel ihrer Entwicklung gelangen zu können, weiß, welche Entwicklungsstadien sie bereits durchschritten hat, um Fehler in ihrer Entwicklung zu vermeiden. Wer die Vergangenheit der bisherigen Menschheits-Entwicklung nicht kenne, könne auch keine verbindlichen Aussagen über die Zukunft der Menschheit als Ganzes machen. Das gelte aber auch für jeden einzelnen Menschen. Nur wer die Ursprünge des einzelnen Individuums kenne, könne auch Aussagen darüber machen, wohin das einzelne Individuum auf dem Wege ist. Hier liegt der Grund für den Absolutheitsanspruch, den die Anthroposophie ihrer Schau des Menschen zuschreibt. Sie muß von ihrem Wesen her an diesem Punkt kompromißlos sein, weil sie sich sonst selbst verleugnen würde. Gilt ihre Schau des Menschen nicht, so bricht das anthroposophische Gedankengebäude an einer zentralen Stelle zusammen. Die gesamte Pädagogik beruht auf dieser Schau des Menschen, herkommend von den geistigen Ursprüngen der Menschheit durch die materiellen Entwicklungsstufen hindurch wieder eintretend in die geistige Welt.

Die Bestimmung des Menschen kann nach Steiner nur durch die Schau der geistigen »Wesenheiten«, die hinter der Entwicklung der Menschheit stehen, erfolgen. Jede andere Sicht des Menschen, die sich etwa an überlieferten religiösen Vorstellungen orientiert oder sich mehr die Informationen über den Menschen aus der sichtbaren und meßbaren Welt holt, ist für ihn nicht gültig. Allenfalls geben diese Sichtweisen Teilwahrheiten wieder, die ihre eigentliche Bedeutung aber erst in der anthroposophischen Gesamtschau des Menschen bekommen.

Das Menschenbild Steiners ist zutiefst evolutionistisch. Der Mensch ist hineingenommen in eine lange Evolutionskette, aber nicht nur wie bei Darwin und Heckel in die biologische Evolution, sondern er ist Teil einer großen Evolution, deren Verlauf aus der geistigen Welt über verschiedene Formen des Materiellen bis zur Wiedervergeistigung reicht. Die verschiedenen Stadien dieser Entwicklung beschreibt Steiner in allen Einzelheiten sehr ausführlich. Vor seinem hellseherischen Auge entfalten sich die ersten Anfänge eines noch mehr kollektivistisch geprägten Menschheits-Ichs über die einzelnen Ausgestaltungen der Individuen bis zur Rückkehr der Menschheit in die geistige Welt. Die Menschheit entfaltet auf diesem Wege die Fähigkeiten, die sich in jedem einzelnen Individuum wiederfinden. Die Differenzierung in Mann und Frau, in die verschiedenen Rassen, in höhere und niedere Seelenkräfte, in Triebe und biologische Naturgesetzmäßigkeiten – alles das vollzieht sich in einem gewaltigen kosmischen Prozeß. Das einzelne Ich, die einzelne Individualität, ist Teil dieses Prozesses.

Der einzelne Mensch nimmt an diesem Prozeß insofern gestaltend Anteil, als er durch die Gestaltung seines jeweils individuellen Schicksals seine künftigen Wiederverkörperungen mitbestimmt. Der Prozeß selbst, in den er durch den Willen der geistigen Welt hineingestellt ist, läuft aber schicksalsmäßig ab. Die verschiedenen kosmischen Stadien, die die Erde und die anderen Planeten auf dem Weg dieser Entwicklung durchmachen, sind dem einzelnen Ich vorgegeben. Man kann also bei Steiner nicht den klassischen Begriff der Schöpfung anwenden, wie wir ihn aus der christlichen Theologie kennen. Schöpfung ist bei ihm ein Entwicklungsprozeß, der, einmal initiiert, nach bestimmten Gesetzmäßigkeiten abläuft. Insofern ist auch die Erschaffung des Menschen Teil eines großen, kosmischen Prozesses.

Die göttlichen Wesenheiten – von Gott als Person zu sprechen halte ich in bezug auf Steiner nicht für angemessen – und die Menschheit sind in diesem Prozeß immer miteinander verbunden. Dabei ist für Steiner wichtig, daß die wesentlich weiterführenden Impulse auf die Menschheitsentwicklung immer von den geistigen Wesenheiten ausgehen. Sie bestimmen den weiteren Fortgang des Prozesses. Sie geben der Menschheit über besonders »eingeweihte« Menschen durch geistige Impulse immer wieder neue Anregungen zu ihrer Vervollkommnung. Der Menschheit ist es dann aufgegeben, diesen Impulsen zu folgen und sich entsprechend der angegebenen Richtung weiterzuentwickeln. Das einzelne Individuum hat dann als Glied der langen Kette der Generationen Anteil an diesen weiteren Entwicklungsschritten, die die Menschheit als Ganzes vorwärtsschreitet.

Das ständige Fortschreiten auf dem Weg zur Vervollkommnung in der geistigen Welt ist also eine anthropologische Grundkonstante des anthroposophischen Menschenbildes. Besonders in bezug auf ihre Transparenz zur geistigen Welt muß die einzelne Menschenindividualität hart an sich arbeiten. Nur wenn sie diesen Bezug immer deutlicher herstellen kann, wird sie in der Lage sein, sich nach den Impulsen auszurichten, die ihr von der geistigen Welt ständig gegeben werden. Ist die einzelne Individualität tief in die Materie hineinverwoben, ist sie aus ihrer existentiellen Beschaffenheit heraus nicht in der Lage, auf die geistigen Impulse angemessen zu reagieren. Das Göttliche in ihr verkümmert.

Der metaphysische Bezug ist also bei Steiner ein wesentlicher Bestandteil des Menschseins. Dieser Bezug ist aber nicht wie in der klassischen Theologie dadurch gegeben, daß Gott den Menschen als eine Person direkt anspricht, sondern die geistigen Wesenheiten sprechen den Menschen immer als einen Werdenden an. Sie sehen ihn immer als eine Existenz, die auf dem Wege ist, das zu werden, wozu sie von den geistigen Wesenheiten bestimmt ist. Der dialogische Charakter der Gott-Mensch-Beziehung, wie ihn die biblische Tradition kennt, ist bei Steiner so nicht möglich. Der einzelne Mensch steht nicht als angesprochenes Geschöpf seinem Schöpfer gegenüber, sondern er begegnet den Wesen der geistigen Welt als ein Individuum, das im Werden begriffen ist. *Das anthroposophische Menschenbild schließt eine dialogische Beziehung zwischen Geschöpf und Schöpfer aus.*

Steiner faßt den Bezug zwischen Mensch und göttlicher Welt so zusammen: »Was in uns ist, das sind *Schattenbilder* der großen Welt, und was unsere Organisation ist, unser physischer, Äther- und Astralleib und unser Ich, was so unsere Glieder bedeutet, das sind für die göttlichen Wesen Welten. Was bei uns physischer, Äther-, Astralleib und Ich ist, das ist die eine Welt, die andere Welt ist die höhere, die Himmelswelt. Für die göttlich-geistigen Wesen der höheren Welten *sind die Leibesglieder hohe göttlich-geistige Welten.* Deshalb ist der Mensch etwas so Kompliziertes, weil er ein *wirkliches* Spiegelbild der geistigen Welt ist.«[3a] (Hervorhebungen durch E.K.)

Übersicht V: *Aspekte des biblischen Menschenbildes*

Biblische Aussagen	*Unterschied zu Rudolf Steiner*
Der Mensch wird von Gott in leib-seelischer Einheit geschaffen	d.h. er ist sofort ganz Mensch und durchläuft keine Entwicklung zu einem »geistigen« Wesen
Er lebt als Gottes Ebenbild (1. Mose 1,27) in personaler Beziehung zu Gott	d.h. sein Sein liegt nicht in der Hand irgendwelcher »Geistwesen«, sondern in der Hand seines sorgenden Schöpfers
Durch den »Sündenfall« (1. Mose 3;4 und 11) wird diese Beziehung zerrüttet, aber nicht ganz zerstört. Gott bemüht sich weiterhin um sein Geschöpf	d.h. nicht luziferische Einflüsse verhindern ein rein geistiges Leben, sondern die Sünde des Menschen und damit der Versuch, dem eigenen Geist nach zu leben, zerstört den Frieden mit Gott und als Folge davon den Frieden mit dem Mitmenschen und sich selbst
Fortan lebt der Mensch »fleischlich« und nicht »geistlich«, sein Leben ist von der Selbstliebe und nicht von der Gottesliebe bestimmt (Römer 8,1–17)	d.h. »Fleisch« und »Geist« bezeichnen nicht verschiedene Stufen der menschlichen Entwicklung, sondern verschiedene Ausrichtungen des Lebens
Durch Kreuzigung und Tod Jesu Christi ist der Mensch aus Gnade gerechtfertigt (Römer 3,24) und lebt fortan im Glauben im Frieden mit Gott (Römer 5,1)	d.h. Christi Heilstat schafft nicht »geistliche Leiber«, sondern erlöst den ganzen Menschen zu einem befreiten Leben vor Gott
Am Kreuz stirbt Jesus Christus stellvertretend für die Sünden der Menschen und erwirbt damit die Vergebung Gottes für	d.h. kein Mensch ist dem blind waltenden »Karma« ausgeliefert, und niemand muß die Folgen seiner Taten durch eine lan-

Biblische Aussagen	*Unterschied zu Rudolf Steiner*
sie, so daß alle unbelastet einen Neuanfang machen können (vgl. das Gleichnis vom verlorenen Sohn Lukas 15,11–32 und Paulus' Ausführungen zur Taufe (Römer 6)	ge Reihe von Inkarnationen hindurch tragen, sondern Jesus Christus spricht jeden Tag neu die Vergebung der Sünden zu (Markus 2,5) und nimmt die Schuld hinweg (Römer 3,25f; 4,25)
Diesem gnädigen Geschehen entspricht der Mensch, indem er es im Glauben an Jesus Christus annimmt (Römer 3,28 und 4,5; Johannes 11,25f)	d.h. der Mensch hat es nicht nötig, sich mittels der »Geisteswissenschaft« und der »Akasha-Chronik« um ein (fragwürdiges) Wissen zu bemühen, sondern er darf den Verheißungen Gottes vertrauen und alle Sorge um sein künftiges Leben in Gottes Hände legen (Matthäus 6,25–34; Philipper 4,6; 1. Petrus 5,7)
In Christus als dem Sohn Gottes, als dem »zweiten Adam« (Römer 5,12–21) wird offenbar, was der Mensch nach Gottes Willen immer schon ist: Gottes geliebtes Kind	d.h. Jesus ist nicht Träger besonderer »Geistwesenheiten« wie Zarathrustra oder Buddha, sondern als wahrer Gott und wahrer Mensch das Bild des Menschen schlechthin (Johannes 19,5) Wer der Mensch ist, zeigt nicht der Blick in die »Akasha-Chronik«, sondern der Blick auf Jesus Christus, wie er in der Bibel bezeugt wird
Nach dem Tod wird der Mensch leiblich auferstehen (1. Korinther 15) und bei Gott sein (1. Thessalonicher 4,17)	d.h. der Mensch muß nicht in immer neuen Inkarnationen dem Geistigen zustreben, sondern wird auferweckt werden zum Leben mit Gott

Was folgt für Rudolf Steiner aus dieser Sicht des Menschen? Welche Konsequenzen für das einzelne Individuum hat sein Menschenbild? Wesentlich ist: Der Mensch ist für ihn ein unvollkommenes Wesen. Er ist eine Individualität, die im Werden begriffen ist. Der Mensch ist auf dem Weg zur Vervollkommnung in der geistigen Welt. Seine Vervollkommnung kann nicht in einer Lebensphase zwischen Geburt und Tod stattfinden, sondern das Individuum benötigt viele Reinkarnationen, um das Ziel zu erreichen. Die jetzige Stufe des Seins, in der sich der Mensch befindet, ist nur eine Durchgangsstufe unter vielen. Unvollkommenheiten, Mängel und Fehler, die das einzelne Individuum jetzt noch aufweist, müssen in künftigen Erdenleben überwunden werden.

Reinkarnation und Karma

Die Lehre von »Reinkarnation« und »Karma« bildet das Zentrum der anthroposophischen Schau vom Menschen. Mit dieser Sichtweise der menschlichen Existenz unterscheidet sich die anthroposophische Deutung des Menschen grundlegend von allen übrigen Sichtweisen der menschlichen Existenz, wie sie in der klassischen, wissenschaftlich begründeten Anthropologie gegeben werden. Die Reinkarnationslehre in anthroposophischer Sicht bedeutet, daß das menschliche Ich, der Wesenskern des Menschen, durch viele verschiedene Stadien der Inkarnation (Wiederverkörperung) auf die Erde zurückkommt. Dabei verkörpert sich das Ich jedoch nicht in einem Tierleib, wie das z.B. im Hinduismus geglaubt wird.

Die Lehre des Karma sagt aus, daß jedes Individuum einem bestimmten Gesetz unterworfen ist, dem es nicht entrinnen kann. Dieses Gesetz besagt, daß der einzelne in seiner jeweiligen Inkarnation durch seine Taten und Gedanken, durch seine Unterlassungen und Verfehlungen, durch

Übersicht VI: *Die Kulturen der Menschheit und die Entwicklung des Bewußtseins der Menschheit*

1. Altindische Kulturepoche ca. 7000–5000 v. Chr.	Die Menschen empfinden die Welt als Schein, als Maya. Das Ich des Menschen empfindet sich als ein Teil des Göttlichen. Geistiges und Sinnliches bilden eine Einheit. Die Menschen verfügen über die Gabe des Hellsehens.
2. Urpersische Kulturepoche ca. 5000–3000 v. Chr.	Die unmittelbare Verbindung mit dem Göttlichen geht verloren. Geistiges und Sinnliches werden durch die ahrimanischen Einflüsse getrennt wahrgenommen. Es beginnt die bewußte Kultivierung des Bodens.
3. Ägyptisch-chaldäische Kulturepoche ca. 3000–800 v. Chr.	Entwicklung der Geometrie und Astrologie. Das Göttliche wird durch sinnliche Wahrnehmung erkannt (z. B. durch den Lauf der Gestirne, Planeten stellen Gottheiten dar). Zeitalter der »Empfindungsseele«.
4. Griechisch-lateinische Kulturepoche ca. 800 v. Chr. – 15. Jahrh. n. Chr.	Entwicklung der Philosophie, des Rechts, bewußte Staatsordnung. Aristoteles beschreibt den Gedanken der Entelechie. Mystik und Scholastik bilden sich heraus. Zeitalter der »Verstandes- oder Gemütsseele«.
5. Neuzeit (5. nachatlantische Kulturepoche) 15. Jahrh. bis zur Gegenwart	Weitere Individualisierung des Ich. Grundlegende Geschiedenheit von Ich und Welt. Prinzipielle Infragestellung des Menschen und der Welt; Rationalismus und Materialismus. Technische Höchstleistungen in der materiellen Welt bei gleichzeitiger Krise des menschlichen Bewußtseins. Die Krise äußert sich in einer Seins- und Orientierungslosigkeit des Menschen, der sich im Materialismus verloren hat. Die Begriffe und Gedanken, mit denen man im Zeitalter der »Verstandes- und Gemütsseele« den Menschen und den Kosmos beschrieben hat, haben keine prägende Gültigkeit mehr. Zeitalter der »Bewußtseinsseele«.

Es werden noch 2 nachatlantische Kulturepochen folgen, bis eine grundlegend neue Entwicklung einsetzen wird.

das Gute, das er hervorbringt, und das Böse, das er bewirkt, selbst die Umstände und Bedingungen seiner kommenden Inkarnation verursacht. Wir bringen in unser neues Erdenleben mit, was wir an Schicksalhaftem in unserer vorherigen Existenz selbst bewirkt und erlitten haben. Ein neuer Mensch beginnt nie bei dem Punkt Null, sondern das Vergangene eröffnet ihm bestimmte Möglichkeiten und zieht unausweichliche Grenzen. Begegnungen, die wir in unserem jetzigen Leben haben, sind nicht zufällig oder willkürlich, sondern sie haben ihre tiefen Ursachen und Notwendigkeiten in unserer vergangenen Existenz. Menschen, die uns Not bereiten, mit denen wir uns schwertun, zu denen wir kaum Zugang finden – sie haben etwas mit unseren vergangenen Wiederverkörperungen zu tun. Ebenso verhält es sich mit Menschen, die uns auf den ersten Blick sympathisch erscheinen, mit denen wir sofort auf »einer Wellenlinie« liegen, die uns schon lange vertraut erscheinen; auch sie begegnen uns – so Steiner – nicht das erste Mal, sondern kreuzten unsere Lebenswege schon in einer vergangenen Inkarnation.

Steiner hat in vielen Vorträgen und Aufsätzen über diese »karmischen Zusammenhänge« gesprochen und geschrieben. Es war ihm immer ein besonderes Anliegen, den Zusammenhang von Reinkarnation und Karma seinen Zuhörern und Lesern deutlich zu machen. Bricht man diesen Grundstein aus seinem Gedankengebäude heraus, so fällt das ganze Gebäude in sich zusammen. Seine Besonderheit ist, daß er die Lehre von Reinkarnation und Karma mit dem christlichen Glauben verbindet; ja, daß er sie als einen wesentlichen Bestandteil des Christentums überhaupt versteht. Hier verläuft eine markante Trennungslinie zum christlichen Glauben. Wie erklärt nun Steiner die Wirkungsweise des »karmischen Gesetzes« in einem Menschenleben?

»Der Schlaf ist oft der jüngere Bruder des Todes genannt worden. Mehr als man bei oberflächlicher Betrachtung vielleicht anzunehmen geneigt ist, versinnlicht dieses Gleichnis die Wege des Menschengeistes. Denn es gibt eine Idee davon, in welchem Sinne die mannigfaltigen Verkörperungen, welche dieser Menschengeist durchmacht, zusammenhängen.«[4] Mit diesem Bild leitet Steiner seinen berühmten Aufsatz »Wie Karma wirkt« ein. Der Schlaf in der Nacht trennt uns von zwei Tagen. Wir schlafen am Abend ein und lassen den vergangenen Tag hinter uns. Wenn wir am Morgen neu erwachen, so beginnt unser Leben nicht an einem Nullpunkt, sondern es knüpft an das an, was wir am vergangenen Abend hinter uns gelassen haben. Was wir am vorherigen Tag versäumt haben, gilt es während des neuen Tages aufzuarbeiten; ebenso können wir am Morgen des neuen Tages die Möglichkeiten ergreifen, die wir uns am vorherigen Tag selbst bereitet haben: »In vollem Sinne des Wortes gilt es: meine Taten von gestern sind mein Schicksal von heute . . . Noch in einem anderen Sinne gehören die Wirkungen meiner Erlebnisse von gestern zu mir. Ich bin selbst wohl durch sie verändert worden. Man nehme an, ich habe etwas unternommen, was mir nur halb gelungen ist. Ich habe nachgedacht, warum dies teilweise Mißlingen mich getroffen hat. Wenn ich etwas Ähnliches wieder zu verrichten habe, so vermeide ich die erkannten Fehler. Also, ich habe mir eine neue Fähigkeit angeeignet. Dadurch sind meine Erlebnisse von gestern die Ursachen meiner Fähigkeiten von heute. Meine Vergangenheit bleibt mit mir verbunden; sie lebt in meiner Gegenwart weiter; und sie wird mir in meine Zukunft hinein weiter folgen. Ich habe mir durch meine Vergangenheit die Lage geschaffen, in der ich gegenwärtig mich befinde und der *Sinn des Lebens* verlangt, daß ich mit dieser Lage verknüpft bleibe.«[5]

Wie wir mit dem Einschlafen am Abend und dem Aufwachen am Morgen einen Tag unseres Lebens mit einem anderen verknüpfen und in diesem Vorgang die Kontinuität unseres Lebens existentiell wahrnehmen, so verhält es sich durch die verschiedenen Reinkarnationen hindurch mit der Kontinuität unseres gesamten Daseins. Während unserer heutigen Verkörperung schaffen wir die Bedingungen, die wir in unserer künftigen Verkörperung wiederfinden: »Diese Verknüpfung einer Wesenheit mit den Ereignissen ihrer Taten ist das die ganze Welt beherrschende Gesetz vom *Karma*«.[6]

Nach Steiner gehört der Mensch »zwei Welten an. In der einen lebt er körperlich, und dieses körperliche Leben kann man am Faden physischer Gesetze verfolgen; in der anderen lebt er geistig-vernünftig.«[7] Während der physische Leib des Menschen vergeht, bleibt im geistigen das Gedächtnis der vergangenen Inkarnation aufbewahrt. »Dieses Gedächtnis bindet mich an die Wirkungen meines Tuns ... Im Gedächtnis bleibt aufbewahrt, was uns an unser Schicksal bindet.«[8]

Steiner kann sogar am »Gesetz des Karmas« die »Wesenheit« des Menschen deutlich machen: »In jeder neuen Verkörperung findet sich der Mensch in einem physischen Organismus, der den Gesetzen der äußeren Natur unterworfen ist. Und in jeder Verkörperung ist er derselbe Menschengeist. Als solcher ist er das *Ewige* in den mannigfaltigen Verkörperungen. *Körper* und *Geist* stehen einander gegenüber. Zwischen beiden muß etwas sein, wie das Gedächtnis zwischen meinen Taten von gestern und denen von heute ist. Und dies ist die *Seele*. Sie bewahrt die Wirkungen meiner Taten aus den früheren Leben. Sie bewirkt, daß der Geist in einer neuen Verkörperung als dasjenige erscheint, was vorhergehende Leben aus ihm gemacht haben. *So hängen Leib, Seele und Geist zusammen. Ewig* ist der Geist; *Geburt* und *Tod* walten nach den Gesetzen der physischen Welt in der Körperlichkeit; beide führt die Seele immer wieder zusammen, indem sie aus den Taten das *Schicksal* webt.«[9]

Mit diesen Gedanken will Steiner zum Ausdruck bringen, daß die Struktur der menschlichen »Wesenheit« und das »Gesetz des Karmas« einander bedingen. Anders ausgedrückt, nach seiner geistigen Schau ist aus dem Wesen des Menschen schon ablesbar, daß über ihm das Gesetz des Karmas walten muß. So wie der Mensch nach seiner Schau strukturiert ist, ist das karmische Gesetz eine anthropologische Notwendigkeit.

Das Gesetz des Karmas ist für Steiner ein Deutungsmuster, mit dem er auch die moralischen Kategorien von Gut und Böse sinnvoll erklären kann. Auch hier ist das Bild vom Schlaf hilfreich: »Daß ich am Morgen die Lage vorfinde, die ich am vorhergehenden Tage selbst geschaffen, dafür sorgt der *unmittelbare* Gang der Ereignisse. Daß ich, wenn ich mich wiederverkörpere, eine Umwelt vorfinde, die dem Ergebnis meiner Taten in dem vorhergehenden Leben entspricht: dafür sorgt die Verwandtschaft meiner wiedergeborenen Geistseele mit den Dingen dieser Umwelt. Was führt mich in diese Umwelt hinein? *Unmittelbar* die Eigenschaften meiner Geistseele bei der neuen Verkörperung. Aber diese Eigenschaften habe ich doch nur, weil die Taten meiner früheren Leben sie der Geistseele eingeprägt haben. Diese Taten sind also die *wirkliche Ursache,* warum ich in bestimmte Verhältnisse hineingeboren werde. Und was ich heute tue, wird mit eine Ursache sein, warum ich in einem späteren Leben diese oder jene Verhältnisse antreffen werde. – *So schafft sich der Mensch in der Tat sein Schicksal* (Hervorhebung durch E.K.). Dieses erscheint nur so lange unbegreiflich, als man das einzelne Leben für sich betrachtet und es nicht als ein Glied der aufeinanderfolgenden Leben ansieht. So kann man sagen, daß den Menschen im Leben nichts treffen kann, wozu er nicht selbst die Bedingungen geschaffen hat. Durch die Einsicht in das Schicksalsgesetz – in Karma – wird erst begreiflich, warum der Gute oft leiden muß und der Böse glücklich sein kann. Diese scheinbare Disharmonie des *einen Lebens* verschwindet, wenn der Blick erweitert wird auf die vielen Leben.«[10]

In diesen Gedanken Steiners wird die ganze Härte und Gnadenlosigkeit des Karmagesetzes deutlich. Man mache sich klar, was das für einen Menschen bedeutet, der unter schweren sozialen und familiären Mißständen leidet. Die Härte des karmischen Gesetzes trifft den Menschen gnadenlos, denn es muß erfüllt werden, was durch das Karma für die nächsten Inkarnationen als notwendig vorgegeben ist. Seinem Karma kann kein Mensch entkommen, sei es im positiven oder im negativen Sinn. In beiden Fällen wird der Mensch in kommenden Inkarnationen ernten, was er in seiner gegenwärtigen Inkarnation bewirkt, hervorruft oder unterläßt und versäumt. Er ist diesem über allen Menschen waltenden Gesetz ausgeliefert. Und es fällt letztlich auf ihn selbst zurück, was er als notvoll und quälend im Verlauf seiner jetzigen Inkarnation empfindet.

Das Karmagesetz ist für Steiner jedoch nicht nur ein Instrument ausgleichender Gerechtigkeit, mit dessen Hilfe der einzelne Mensch die Schicksalsschläge seines Lebens zu verstehen, das heißt letztlich anzunehmen in der Lage ist. Das Gesetz ist vielmehr notwendig, die Menschheit als Ganze in die Lage zu versetzen, sich immer weiter zu entwickeln – und das heißt bei Steiner, sich weiter zu vervollkommnen im moralischen Sinn. Ohne das Karmagesetz, das den einzelnen Menschen durch seine immer wiederkehrenden Inkarnationen dazu zwingt, sich mit dem auseinanderzusetzen, was er in vorherigen Inkarnationen unfertig oder unabgeschlossen zurückgelassen hat, wäre der moralische Fortschritt der Menschheit nicht möglich. Nur das Karmagesetz ermöglicht ein Fortschreiten der Menschheit in eine bessere Zukunft hinein. Nirgendwo wird bei Steiner sein evolutionistischer Fortschrittsglaube stärker sichtbar als in seinem Verständnis des Karma. »Die Pilgerfahrt durch die Wiederverkörperungen« wird für den Menschen, der sich auf dieser Pilgerfahrt anstrengt, zu einer »Aufwärtsentwicklung«[11]. Mit seiner individuellen Anstrengung nach moralischer Vollkommenheit bringt der einzelne Mensch wiederum die Menschheit als Ganze einen Schritt weiter zu ihrem Ziel.

»Kant sagt: ›Zwei Dinge erfüllen das Gemüt mit immer zunehmender Bewunderung: der gestirnte Himmel über mir und das moralische Gesetz in mir.‹ Jeder Denkende gibt nun zu, daß der gestirnte Himmel nicht aus dem Nichts heraus entsprungen ist, sondern sich allmählich gebildet hat. Und Kant selbst ist es, der 1755 in einer grundlegenden Schrift die allmähliche Bildung eines Kosmos zu erklären suchte. Aber ebensowenig darf man die Tatsache des moralischen Gesetzes ohne eine Erklärung hinnehmen. Auch dieses moralische Gesetz ist nicht aus dem Nichts heraus entsprungen. In den anfänglichen Verkörperungen, die der Mensch durchgemacht hat, sprach in ihm das moralische Gesetz nicht so, wie es in Kant gesprochen hat. Der primitive Mensch handelt ganz so, wie es seinen Begierden entspricht. Und er nimmt die Erlebnisse, die er mit solchem Handeln gemacht hat, hinüber in die übersinnlichen Zustände. Hier werden sie zu höherer Fähigkeit. Und in einer weiteren Verkörperung wirkt in ihm nicht mehr bloß die Begierde, sondern sie wird bereits mitgelenkt durch die Wirkungen der vorher gemachten Erfahrungen. Und viele Verkörperungen sind *notwendig* (Hervorhebung durch E.K.), bis der ursprünglich ganz den Begierden hingegebene Mensch seiner Umwelt das geläuterte moralische Gesetz gegenüberstellt, das Kant als etwas bezeichnet, zu dem man mit ebensolcher Bewunderung wie zu dem Sternenhimmel aufblickt.«[12]

Auf dem Weg seiner Aufwärtsentwicklung lernt es der Mensch immer mehr, die »Gesetze der Welt«[13] zu durchschauen. Er lernt es, sein Schicksal mit hellem Bewußtsein anzunehmen und zu gestalten. Er findet sich in seiner Umwelt zurecht und läuft nicht als ein von seinen Trieben und Begierden getriebener Mensch auf seinem Lebensweg. Seine Freiheit als Mensch besteht nun darin, daß er sein Schicksal aus der Erkenntnis der in ihm waltenden Gesetze heraus frei gestalten kann. Er wird zum »Herrn des Schicksals«[14], wenn er erkennt, was ihm in seiner jeweiligen Inkarnation als Aufgabe mitgegeben worden ist. Er nimmt diese Aufgabe aber nicht als eine drückende Last auf sich, sondern er nimmt sie aus einem freien Willensentschluß heraus an. »Der Geist aber, der sich aus sich selbst bestimmt, das ist der *freie Geist.* Ein Handeln im vollen hellen Lichte des Bewußtseins ist ein *freies Handeln.*«[15]

Die Menschheit befindet sich noch auf diesem Weg, der sie einst zur vollen Freiheit führen wird. In seiner gegenwärtigen Entwicklung ist der Mensch »weder frei, noch unfrei . . . Er ist teilweise frei, teilweise unfrei. Er ist in dem Maße frei, als er sich Erkenntnis, Bewußtsein des Weltzusammenhanges erworben hat.« Einst, am Ende dieser Entwicklung, zu der das Gesetz von Reinkarnation und Karma die Menschheit hinführen will, wird sie das große Ziel erreichen: »Die volle Freiheit des Menschengeistes ist das *Ideal* seiner Entwicklung.«[16]

Dieser Weg der Entwicklung des Menschengeistes durch viele Reinkarnationen zu seiner völligen Freiheit – das ist nach Steiner *nicht* eine Idee des menschlichen Geistes, sondern der Keim der Lehre Jesu Christi!

»Es stand also der Christus so vor der Menschheit da, daß er sie, soweit sie das verstehen konnte, die Idee der Reinkarnation lehrte. Das Karma, das Hineinreichen der Ursachen von einer Lebensverkörperung zur anderen Lebensverkörperung, das lehrte er. Er lehrte es so, wie man es tut, wenn man praktisch lehrt für das Leben. Er wollte sagen: Es wird eine Zukunft geben, *da alle Menschen das Karma anerkennen werden,* wo sie verstehen werden, daß, wenn der Mensch etwas Böses tut, er nicht braucht von einer äußeren irdischen Macht bestraft zu werden; denn dieses Böse zieht notwendigerweise den Ausgleich in dieser oder einer folgenden Inkarnation nach sich. . . . Dann brauchen wir ihn als Menschen nicht zu verurteilen, dann können wir als Menschen vor ihm stehen und können das, was er getan hat, den geistigen Gesetzen überlassen, daß es in der geistigen Welt stehe; *wir können überlassen den Menschen dem Karma!*«[17] (Hervorhebung durch E.K.)

In seiner Auslegung der Geschichte Jesu mit der Ehebrecherin in Johannes 8,3–11 gibt Steiner ein praktisches Beispiel dafür, wie für ihn das Gesetz von Reinkarnation und Karma im Neuen Testament zum Ausdruck kommt. Nachdem die Schriftgelehrten und Pharisäer die Frau vor Jesus hingestellt hatten, fragten sie ihn, ob er der Todesstrafe nach dem Gesetz Moses zustimmen würde. Statt zu antworten, bückte sich Jesus nieder und schrieb mit seinem Finger auf die Erde. Steiner sagt dazu: »Was schrieb er? Er schrieb in die geistige Welt hinein die Sünde. Und die Sünde wird aus der geistigen Welt heraus ihren Ausgleich finden! Die anderen aber erinnert er daran, ob sie sich selber keiner Sünde bewußt sind? Denn nur dann, wenn sie nichts auszugleichen hätten, nur dann könnten sie sich sagen, daß sie ohne Zusammenhang stünden mit der Sünde dieses Weibes und könnten über sie richten. So aber wissen sie ja nicht, ob sie nicht selber im früheren Leben die Ursache gelegt haben zu dem, was sie jetzt trifft; *sie können ja nicht wissen, ob sie nicht in früheren Leben dieses Weib dazu gebracht haben,* daß sie jetzt die Ehe gebrochen hat, ob sie nicht selbst in früheren Leben diese Sünde begangen oder die Ursache dazu gelegt haben. *Alles ist in das Karma hineingeschrieben.* Jesus schrieb auf die Erde, die er mit seinem geistigen Licht schon durchdrungen hat; das heißt, *in die Erde hinein vertraut er das, was Karma sein sollte für die Ehebrecherin.* Er wollte sagen: Wandelt in den Bahnen, die ich Euch jetzt vorzeichne! Werdet so, daß Ihr sagt: Wir richten nicht, wir überlassen das, was im Menschen ist, dem karmischen Ausgleich! – Wenn die Menschen das befolgen, dann kommen sie zum Karma. Man braucht das Karma nicht als Dogma zu lehren. Man hat es durch die Tat gelehrt. *So lehrte der Christus.*«[18]

Gegen diese Interpretation Steiners ist festzuhalten, daß die Heilige Schrift weder im Alten noch im Neuen Testament die Reinkarnation lehrt, auch nicht in verborgener oder verhüllter Form. Nach biblischer Überlieferung ist es dem Menschen bestimmt, einmal zu sterben (Hebräer 9,27) und dann durch das Gericht in das ewige Leben zu gelangen.

Christus und Erlösung

In der Frage nach dem Verständnis der Person Jesu geht es um den Kern der Frage, ob die christlichen Kirchen die anthroposophische Bewegung als eine christliche Bewegung anerkennen können. Die entscheidenden Aussagen des christlichen Bekenntnisses wurden schon in der frühen Christenheit in der Auseinandersetzung um das Wesen der Person Jesu Christi gewonnen, als es um die Frage ging: Ist Jesus Christus nur ein Mensch mit göttlichen Gaben oder ist er in Wirklichkeit ein Gott, der sich nur ein menschliches Kleid umgelegt hat?

Der Heilige Geist führte die Kirche zu dem Bekenntnis: Jesus Christus ist in geheimnisvoller Weise zugleich wahrer Gott und wahrer Mensch. Das Konzil von Chalcedon 451 n. Chr. umschreibt das Geheimnis seiner Person folgendermaßen: In ihm sind Gott und Mensch ungetrennt und ungesondert, unvermischt und unverwandelt beieinander – eine Definition seines Wesens wird nicht gegeben.

Steiner ist an den traditionellen christologischen Fragen nicht interessiert. Für ihn gehören diese Fragestellungen einer vergangenen Epoche an. Die Denkkategorien, die diese Fragen provozierten, sind für ihn während einer bestimmten Entwicklungsstufe der Menschheit angemessen gewesen; für den modernen Menschen jedoch, der den anthroposophischen Schulungsweg geht und entscheidende Einsichten in die Entwicklungsgeschichte der Menschheit bekommen hat, stellt sich die Person Jesu Christi in einem anderen Licht dar. Das Geheimnis seines Wesens läßt sich nur aus der Tiefe der Menschheitsentwicklung verstehen. Wir müssen also in der Geschichte der Evolution sehr weit zurückgehen, um Jesus Christus nach anthroposophischer Schau angemessen verstehen zu können.

Für Steiner gab es einmal eine Zeit, da waren Erde, Mond und Sonne noch zusammen. Danach trennte sich die Sonne von der Erde und dem Mond, die ihrerseits noch miteinander verbunden blieben. Die hohen »Sonnenwesenheiten«, die schon bisher die Entwicklung auf der Erde und dem Mond vorangetrieben hatten, waren nun von ihrer bisherigen Wirkungsstätte getrennt. Sie lenkten jetzt aus der Ferne die Entwicklung auf den von ihnen getrennten Planeten.

Die Physis hatte eine solche Dichte, daß die »Ich-Wesenheiten«, die sich aus der geistigen Welt in diese Physis hineininkarnieren wollten, sie nicht durchdringen konnten. Das hatte zur Folge, daß die Entwicklung der Menschheit zu einem gewissen Stillstand kam:

»Aber es trat, bevor der Mond aus der Erde herausgegangen war, etwas ganz Besonderes ein. Ein schwieriger Zustand für die Fortentwicklung der Erde trat ein. Es trat das ein, daß gewisse Menschenseelen, die ihren Leib verlassen hatten, in die geistige Welt hineingegangen waren und sich wiederum neu jetzt verkörpern wollten, jetzt unten (also auf der Erde und auf dem Mond, die noch zusammen waren) eine Menschensubstanz vorfanden, die ihnen zu hart, zu verholzt war, so daß sie sich nicht verkörpern konnten. Es trat eine Zeit ein, in welcher die Seelen wieder auf die Erde herunter wollten, aber keine Möglichkeit fanden, sich wiederum zu verkörpern, weil die Erdenleiber für sie nicht geeignet waren. Nur die stärksten Seelen konnten die mittlerweile verhärtete Materie und Substanz bezwingen, um sich auf der Erde zu verkörpern. Die anderen mußten wiederum in die geistige Welt zurück, konnten nicht hinunter. Solche Zeiten gab es vor der Mondentrennung (also bevor der Mond sich von der Erde getrennt hat). Aber immer weniger und weniger wurde jene starken Seelen, die imstande waren, die Materie zu bewältigen und die Erde zu bevölkern. Vor der lemurischen Zeit gab es also eine Zeit, in welcher die Erde im weitesten Umkreise verödete, wo die Menschen immer weniger und weniger auf der Erde wurden, weil die Seelen, welche herunter wollten, keine geeigneten Leiber fanden. Was geschah nun mit diesen Seelen, welche keine Leiber finden konnten? Sie wurden entrückt nach den anderen Planeten, die sich inzwischen aus der gemeinsamen Substanz herausgebildet hatten. So gab es gewisse Seelen, die nach dem Saturn entrückt wurden, andere, die nach dem Jupiter, Mars, Venus oder Merkur entrückt wurden; so daß es eine Erdenzeit gab, in welcher nur die stärksten Seelen während des großen Erdenwinters auf die Erde kommen konnten. Die schwächeren Seelen mußten von den anderen zu unserem Sonnensystem gehörenden Planeten in Obhut genommen werden. Während der lemurischen Epoche gab es in der Tat eine Zeit, von der man sagen kann: Es war ein einziges Menschenpaar, ein Hauptpaar vorhanden, welches sich die Stärke behalten hatte, diese widerspenstige Menschensubstanz zu bezwingen und sich auf der Erde zu verkörpern, gleichsam durchzuhalten durch die ganze Erdenzeit. Das war aber auch die Zeit, als sich der Mond von der Erde trennte. Durch die Mondentrennung wurde es wieder möglich, daß sich die Menschensubstanz verfeinerte und sich wieder geeignet machte, Menschenseelen aufzunehmen, die schwächer waren, so daß die Nachkommen dieses einen Hauptpaares wieder in der Lage waren, in weicherer Substanz zu sein als diejenigen, welche vor der Mondentrennung gelebt hatten. Da kamen dann nach und nach alle die Seelen, welche nach dem Mars, Jupiter, Venus usw. hinauf entrückt waren, wieder auf die Erde zurück, und mit der Vermehrung der Menschen von dem einen Hauptpaare aus geschah das, daß die Seelen nach und nach aus dem Weltenraume auf die Erde zurückkehrten und sich als Nachkommen des ersten Hauptpaares bildeten. So bevölkerte sich die Erde wiederum.«[19]

Das ist die Zeit, sagt Steiner, von der die Bibel in der Geschichte von Adam und Eva berichtet.

Nun folgen wieder neue Epochen in der Menschheitsgeschichte: Während der atlantischen Epoche, das heißt, zu der Zeit, als auf dem Gebiet des heutigen atlantischen Ozeans der Kontinent Atlantis lag, gab es dort das »große Sonnenorakel«, an dem »nur wenige Auserlesene«[20] mit den »Sonnenwesenheiten« Kontakt hielten und von dort Weisung für den weiteren Gang der Menschheitsgeschichte erhielten: »An der Spitze des großen Orakels, das die Oberaufsicht über die übrigen hatte und das man das Sonnenorakel nennt, stand der größte der atlantischen Eingeweihten, der große Sonnen-Eingeweihte, der zu gleicher Zeit der Manu, der Führer der atlantischen Bevölkerung war. Er war derjenige, welcher sich, als die atlantische Katastrophe heranrückte, die Aufgabe zu stellen hatte, mit den Menschen, die er für brauchbar fand, hinüberzuziehen nach dem Osten und eine Ausgangsstätte zu begründen für die nachatlantische Kultur.«[21]

Nach dem Untergang von Atlantis zog diese Orakelstätte in eine »gewisse Gegend Asiens«. Von dort aus wurde »dafür gesorgt, daß die einzelnen Kulturen in der entsprechenden Weise beeinflußt werden konnten«[22]. Das heißt, von Asien aus gab es also immer gewisse Kultstätten, die die Menschheit darauf hinwiesen, daß dort in der Sonne die »großen Wesenheiten« lebten, die mit ihren Impulsen die Entwicklung der Menschheit und ihrer Erde immer wieder vorwärtstrieben.

Innerhalb der einzelnen Kulturen der Menschheit gab es immer wieder einzelne große geistige Führer, die ganz deutlich auf die »höchste Wesenheit« in der Sonne, den Christus, hinweisen konnten. Einer dieser Führer war Zarathustra. »Er war es, der aus so großen Tiefen der spirituellen Welt heraus seiner Zeit die große Botschaft von dem Sonnengeist bringen konnte, er war es, der seine Menschheit hinaufweisen konnte zu dem großen Geist, der später als der Christus erschien. Er war es, der sagte: In der Sonne ist er enthalten, Ahura Mazdao; er wird sich der Erde nähern.«[23]

Die großen geistigen Führer der Menschheit sind für Steiner Wiederverkörperungen von Menschengeistern, die schon einen hohen Grad an Reife erlangt haben: »Nehmen wir irgend eine Persönlichkeit im alten Indien. Sie hatte sich immer wieder und wieder verkörpert, war in dieser oder jener Inkarnation wieder erschienen, in der persischen, in der ägyptisch-chaldäischen Kulturepoche, und indem sie wieder erschienen war, war ihre Seele immer älter geworden, immer reifer und reifer.«[24]

Eine andere hohe »Menschenwesenheit« war Buddha, auf dessen besondere Bedeutung später noch eingegangen werden soll.

Im Verlaufe der Menschheitsentwicklung geschah es nun, daß sich das »Menschen-Ich« immer mehr mit der materiellen Physis verband und so die Geschichte der Menschheit völlig zu scheitern drohte.

Die »göttlichen Wesenheiten« auf der Sonne faßten nun den Entschluß, daß ihre »höchste Wesenheit« sich mit einem Menschenleib verbinden müsse, um diese negative Entwicklung der Menschheit umzukehren.

Jetzt ist die Frage: Wie passiert das? Wie ist es denkbar, daß von der Sonne eine ganz hohe »göttliche Wesenheit« herunterkommt in einen Menschenleib? Steiner beschreibt das in einer sehr ausführlichen Weise. Ich möchte hier nur die wichtigsten Gedankengänge aufzeigen. Er sagt: Wenn ein Mensch sich auf seinem Entwicklungsweg befindet, dann gibt es Kräfte, die versuchen, ihn abzubringen von dem Weg zu seiner Vervollkommnung und Weiterentwicklung. Steiner nennt sie die luziferischen und die ahrimanischen Kräfte. Die luziferischen Kräfte sind die,

die dem Menschen immer einen schönen Schein vorspiegeln. Die ahrimanischen Kräfte sind die, die ihn herunterziehen wollen in die Physis, so daß er ganz den Kontakt verliert zur geistigen Welt. Der Einfluß dieser Kräfte kommt daher, daß ganz am Anfang das erste Menschenpaar so viele Kräfte verbraucht hat, um in den Menschenleib hineinzukommen, daß es zu schwach war, die luziferischen Angriffe abzuwehren. Das war der Punkt, wo die Verfehlung hineinkam in die Menschheit:

»Der luziferische Einfluß kam heran, erstreckte seine Wirkungen auch in den astralischen Leib dieses Hauptpaares, und die Folge war, daß es unmöglich war, alle die Kräfte, die in Adam und Eva waren, auch herunterfließen zu lassen in die Nachkommen durch das Blut der Nachkommen. Den physischen Leib mußte man durch alle die Geschlechter herunter sich fortpflanzen lassen, aber von dem Ätherleib behielt man in der Leitung der Menschheit etwas zurück. Das drückte man eben dadurch aus, daß man sagte: Die Menschen haben genossen von dem Baume der Erkenntnis des Guten und Bösen. Das heißt, was von dem luziferischen Einfluß kam; aber es wurde auch gesagt: Jetzt müssen wir ihnen die Möglichkeit nehmen, auch zu genießen von dem Baume des Lebens! Das heißt, es wurde eine gewisse Summe von Kräften des Ätherleibes zurückbehalten. Die flossen jetzt nicht auf die Nachkommen herunter. Es war also in Adam eine gewisse Summe von Kräften, die ihm nach dem Sündenfalle genommen wurden. Dieser noch unschuldige Teil des Adam wurde aufbewahrt in der großen Mutterloge der Menschheit, wurde dort gehegt und gepflegt. Das war sozusagen die Adam-Seele, die noch nicht berührt war von der menschlichen Schuld, die noch nicht verstrickt war in das, wodurch die Menschen zu Fall gekommen sind. Diese Urkräfte der Adam-Individualität wurden aufbewahrt.«[25]

In diesem Gedankengang liegt für Steiner auch die Erklärung für die Rede des Paulus vom »alten Adam«

und »neuen Adam« in 1. Korinther 15,45[26] (und in Römer 5,12–21).

Für Steiner ist diese direkte Verbindung von Jesus Christus zu Adam von elementarer Bedeutung. Hier liegt für ihn die Berechtigung, daß von Jesus Christus als von dem Sohn Gottes geredet werden kann: »Was schildert uns denn eigentlich das Lukas-Evangelium, indem es zu reden beginnt über den Jesus von Nazareth? Es schildert uns erstens einen Menschen, der in der *Blutsverwandtschaft* seinen physischen Leib hinaufleitete bis zu Adam, bis zu den Zeiten, in welchen innerhalb der Erdenverödung durch ein Hauptpaar auf der Erde die Menschheit gerettet worden ist. Und es schildert uns weiter, sich ganz auf den *Gesichtspunkt der Wiederverkörperung* (Hervorhebungen durch E.K.) stellend, die Wiederverkörperung einer Seele, die am längsten gewartet hatte vor ihren Wiederverkörperungen. Die Adam-Seele vor dem Sündenfall, die am längsten gewartet hatte, finden wir wieder in dem Jesusknaben. Wir dürfen also, so phantastisch es für die heutige Menschheit klingen wird, sagen, daß jene Individualität, welche durch die große Mutterloge der Menschheit hineingeleitet wurde in das Jesuskindlein, nicht nur abstammte von den physisch ältesten Geschlechtern der Menschheit, sondern sie ist auch die Wiederverkörperung des ersten Mitgliedes der Menschheit überhaupt. Jetzt wissen wir, wer derjenige war, der da im Tempel dargestellt und dem Simeon gezeigt wurde, wer der Sohn Gottes war nach Lukas.«[27]

Die Lehre von den zwei Jesus-Knaben

Nun stellt sich die zentrale Frage: Wie kann es möglich sein, daß der Christus, der Sohn Gottes, in die Menschheit hineinkommt? Wie ist es möglich, daß sich eine Gottheit in einen irdisch vergänglichen Leib »hineininkarniert«? Steiner geht von dem Gedanken aus, daß ein gewöhnlicher

Mensch gar nicht das Gefäß sein kann für die hohe Gottheit, die sich der Erde nähern will. Der Leib, der ein so hohes Wesen einmal aufnehmen soll, muß in einer außerordentlichen Weise dafür vorbereitet werden. Nur ein Mensch, der schon durch viele Inkarnationen gereift ist, viele außerordentliche Eigenschaft in sich vereinigt, kann in der Lage sein, den Christus würdig und angemessen aufzunehmen. Ja, eine Individualität würde gar nicht ausreichen, den Christus auf Erden aufzunehmen. Darum entwickelt Steiner die Lehre von den zwei Jesus-Knaben.

Er nimmt die beiden Stammbäume Jesu, wie sie uns von Matthäus und Lukas am Beginn ihrer Evangelien überliefert werden. Er nennt den einen Stammbaum die »nathanische Linie« und den anderen die »salomonische Linie«. Steiner geht davon aus, daß die beiden Stammbäume sich auf zwei verschiedene Elternpaare und ihre Kinder beziehen. Das eine Jesus-Kind, das geboren wurde aus der nathanischen Linie, die im Lukas-Evangelium überliefert wird (Lukas 3,31), hat die Erfahrungen, dic Kräfte und die Weisheit des Buddha mitbekommen. Der Auftrag des Buddha war es, den Menschen eine hohe Moral und Ethik zu predigen. Durch Buddha kam die Ethik des Mitleids, die Liebe und die Innerlichkeit in die Menschheit hinein.

Das Jesus-Kind aus der salomonischen Linie, die laut Steiner das Matthäus-Evangelium überliefert (Matthäus 1,7), hat in sich die Weisheit und das Wesen des Zarathustra verkörpert. Die Mission des Zarathustra war es, »hinzuweisen darauf, daß der Mensch sich sagt: Wo du auch immer im Weltall stehst, du stehst nicht allein, du stehst in einem durchgeistigten Kosmos und bist ein Teil der Weltengötter und Weltengeister, du bist herausgeboren aus dem Geiste und ruhst darinnen. Mit jedem Atemzuge saugst du göttlichen Geist ein, mit jedem Atemzuge magst du dem großen Geist ein Opfer bringen, indem du ausatmest.«[28]

Die beiden Genealogien sind Steiner Beweis dafür, daß

die beiden Geistesströme des Buddhismus und Zarathustrismus in der Person Jesu von Nazareth zusammenfließen sollten, um den Christus aufzunehmen: »So sehen wir, wie der Buddhismus einströmte und wirkte in der Persönlichkeit, welche dem Joseph und der Maria aus der nathanischen Linie des Hauses David geboren wurde als das Kind, das uns durch das Lukas-Evangelium geschildert wird. Auf der anderen Seite haben wir, abstammend aus der salomonischen Linie des davidischen Geschlechtes, jenes Elternpaar Joseph und Maria mit dem Jesus-Kinde, das ursprünglich in Bethlehem wohnte und das uns der Schreiber des Matthäus-Evangeliums schildert. Dieser Jesus-Knabe aus der salomonischen Linie ist der Träger jener Individualität, die einst als Zarathustra die urpersische Kultur begründete. So haben wir am Ausgangspunkte unserer Zeitrechnung als tatsächliche Individualitäten nebeneinander stehend die beiden Strömungen des Buddhismus auf der einen Seite, wie er uns zunächst im Lukas-Evangelium geschildert wird, und des Zarathustrismus auf der anderen Seite, wie er uns in dem Jesus aus der salomonischen Linie des Geschlechtes David durch Matthäus geschildert wird. Die Zeitpunkte der Geburten dieser beiden Knaben fallen nicht genau zusammen ... Einige Monate voneinander geschieden lagen die Geburten der beiden Jesus-Knaben.«[29]

Die Zuordnung des Zarathustrismus zur »salomonischen Linie« und die Zuordnung des Buddhismus zur »nathanischen Linie« geschieht nicht zufällig. Zarathustra verkündete der persischen Kultur nicht nur die Existenz des hohen Sonnenwesens, des »Ahura Mazdao, den man später mit anderen Worten den Christus nannte«[30], sondern er war auch ein Lehrer der »Kunst der Herstellung äußerer sozialer Organisationen und Ordnung«[31]. Die Kunst, Staaten zu ordnen und zu führen, fand in ihm ihren höchsten Meister. »Daher konnte er auch zunächst nicht in einen Leib hineingeboren werden, der aus der priesterlichen Linie des Hauses David stammte, sondern nur in einen solchen aus der königlichen Linie. Damit ist im Matthäus-Evangelium ausgedrückt die Verwandtschaft des Königsnamens im alten Persien mit der Abstammung jenes Kindes, in das Zarathustra inkarniert wurde.«[32]

Die Weisen aus dem Morgenland erkannten aus der Sternenkonstellation, daß »ihr Meister in Bethlehem wieder erschien«. Darum machten sie sich auf, um ihm ihre Gaben zu bringen: »Gold als Symbolum für das Denken, Weihrauch für die Frömmigkeit, für das, was uns als Fühlen durchdringt, und Myrrhen für die Kraft des Wollens. So zeigten sie ihre Zusammengehörigkeit mit ihrem Meister, als sie vor ihm erschienen, da er wiedergeboren wurde in Bethlehem.«[33]

Der »salomonische Jesus« erbte »vor allem von dem väterlichen Element die Kraft«, da seine Mission war »die Überführung dessen in die Welt, was die Welt im Raume an göttlichen Kräften umstrahlt«[34]. Die Dominanz des väterlichen Elementes bringt nach Steiner der Evangelist Matthäus dadurch zum Ausdruck, daß die Geburt Jesu nicht Maria, »sondern dem *Vater* (Hervorhebung durch E.K.), dem Joseph, verkündet wird«[35] (Matthäus 1,20–21).

Anders verhielt es sich beim »nathanischen Jesus«. Auf ihn gingen über »die innerlichen Eigenschaften, die sich von der Mutter vererben«[36]. Daher wird seine Geburt der Maria angekündigt (Lukas 1,26–38).

Der salomonische Jesus wurde in Bethlehem geboren, und erst nach der Rückkehr seiner Eltern aus Ägypten siedelte die Familie sich in Nazareth an, »um den Jesus, der der wiederverkörperte Zarathustra ist, in der Nähe dessen zu haben, der die andere Strömung, den Buddhismus darstellt«[37]. Die Eltern des nathanischen Jesus waren schon immer in Nazareth ansässig, sie kamen nur kurz zur Schätzung nach Bethlehem, wo ihr Kind geboren wurde.

»In unmittelbarer Nachbarschaft und unter den freundschaftlichen Beziehungen der Eltern wuchsen die beiden Kinder heran und entwickelten sich beide ungefähr bis zu ihrem 12. Jahre.«[38] Die beiden Knaben entwickeln sich verschieden: »Das Kind, welches die Zarathustra-Individualität in sich birgt, entwickelt nach und nach mit einer ungeheuer schnellen Reifung diejenigen Kräfte, die es entwikkeln muß, wenn eine so mächtige Individualität in dem Körper tätig ist.«[39] Der »nathanische Jesus« durchlief einen anderen Wachstumsprozeß. In ihm entwickelte sich das, »was herunterströmte aus dem beschattenden Nirmanakaya des Buddha«[40]. Er entwickelte eine tiefe Innerlichkeit, die einen normalen Menschen zu dem Urteil verleiten konnte, er sei ein »verhältnismäßig zurückgebliebenes Kind«[41].

Über die Zeit bis zum zwölften Lebensjahr der beiden Knaben kann Rudolf Steiner sagen: »So sehen wir eine gefühlstiefe Wesenheit in dem nathanischen Jesus heranwachsen, und wir sehen eine Individualität mit einer ungeheuren Reife, mit einem tiefen Weltverständnis in dem salomonischen Jesus heranwachsen.«[42]

Die Mutter des nathanischen Jesus bekam keine Kinder mehr, während der salomonische Jesus noch eine Reihe von Geschwistern bekam, die in Markus 6,3 aufgeführt sind.

In Lukas 2,41–50 wird berichtet, wie Jesus im Tempel vor den Gelehrten seines Volkes in Weisheit und Vollmacht redet. Seine Eltern suchen ihn unter den Festpilgern des Passahfestes, weil sie ihn aus den Augen verloren hatten. Dieses Ereignis ist für Steiner von zentraler Bedeutung: »Was war da geschehen? Fragen wir darüber die unvergängliche Akasha-Chronik. Die Tatsachen der Welt sind nicht so ganz einfach. Was hier geschehen war, das geschieht in anderer Weise auch sonst in der Welt. Es kommt vor, daß eine Individualität auf einer gewissen Entwicklungsstufe andere Bedingungen braucht, als sie ihr von Anfang an gegeben wurden. Daher kommt es immer wieder vor, daß ein Mensch bis zu einem gewissen Lebensalter heranwächst – und dann auf einmal in Ohnmacht fällt und wie tot ist. Da geht dann eine Umwandlung vor sich: es verläßt ihn sein eigenes Ich, und ein anderes Ich nimmt in seiner Körperlichkeit Platz. Eine solche Umlagerung des Ich findet auch in anderen Fällen statt; das ist eine Erscheinung, die jeder Okkultist kennt. Hier, bei dem zwölfjährigen Jesus, war folgendes geschehen: jene Ichheit, die bis dahin als Zarathustra-Ichheit den Körper des Jesus aus der königlichen Linie des davidischen Geschlechtes gebrauchte, um auf die Höhe seiner Zeit zu kommen, drang aus dem Körper des salomonischen Jesus-Knaben heraus und übertrug sich auf den nathanischen Jesus, der daher wie ein Verwandelter erschien. Die Eltern erkannten ihn nicht wieder, sie verstanden seine Worte nicht. Denn jetzt sprach aus dem nathanischen Jesus das Zarathustra-Ich, das sich auf ihn übertragen konnte. Das war der Zeitpunkt, als der Nirmanakaya des Buddha sich mit dem ausgeschiedenen astralischen Mutterleibe vereinigte, und das war auch der Zeitpunkt, da sich das Zarathustra-Ich mit dem nathanischen Jesus vereinigte. Jetzt lebte das Zarathustra-Ich in dem nathanischen Jesus. Und dieses Kind, das so verwandelt war, daß es die Eltern nicht verstehen konnten, das nahmen sie jetzt mit nach Hause.

In nicht zu ferner Zeit starb dann die Mutter dieses Jesus-Kindes, so daß dieses Kind, in dem das Zarathustra-Ich jetzt wohnte, von mütterlicher Seite her verwaist war. ... Auch das andere Kind konnte nicht unter gewöhnlichen Verhältnissen fortleben, als das Zarathustra-Ich es verlassen hatte. Der Joseph aus der salomonischen Linie war schon früher gestorben, und die Mutter des salomonischen Jesus-Kindes mit ihren Kindern, dem Jakobus, Joses, Judas, Simon und den beiden Töchtern, wurde in dem Hause des nathanischen Joseph aufgenommen, so daß also der Zarathustra jetzt wieder zusammenlebte mit derjenigen Familie, in die er sich hineininkarniert hatte, bis auf den Vater. Auf diese Weise haben sich die beiden Familien in eine zusammengesetzt, und so lebte dann die Mutter der Geschwister – wir können sie Geschwister nennen, denn nach dem Ich hin sind sie Geschwister – in dem Hause des nathanischen Joseph mit dem Jesus, der aber seiner Vaterstadt nach, leiblich, in Nazareth heimisch war.«[43]

Der »salomonische Jesus-Knabe« blieb, nachdem ihn das Zarathustra-Ich verlassen hatte, auf seinem bis dahin erreichten Entwicklungsstand stehen, und starb »ungefähr zur gleichen Zeit, als die Mutter des nathanischen Jesus starb«[44]. Der Ätherleib des »salomonischen Jesus-Knaben« hatte einen so hohen und einmaligen Grad an Reife erlangt, daß er als Ganzheit in die Ewigkeit eingehen konnte. »Bei dem salomonischen Jesus-Knaben war das denkbar größte Quantum des Ätherleibes für die Ewigkeit brauchbar. Der ganze Lebensleib dieses Kindes wurde von der Mutter des nathanischen Jesus in die geistige Welt mitgenommen.«[45]

Das Zarathustra-Ich fand in der geistigen Welt diesen Ätherleib wieder vor und gebrauchte ihn zu immer wiederkehrenden Inkarnationen: »Diese Wesenheit, welche also ihren auf die geschilderte Weise abgelegten Ätherleib wieder aufgesucht hat, wandelte nachher durch die Geschichte der Menschheit. Sie wurde, wie Sie sich vorstellen können, der *größte Helfer* (Hervorhebung durch E.K.) derjenigen, welche das große Ereignis von Palästina begreifen wollten. Als sogenannter ›Meister Jesus‹ wandelt diese Individualität durch der Zeiten Wende; so daß also der Zarathustra, das Zarathustra-Ich, nach der Wiederauffindung seines Ätherleibes seine Laufbahn durch die Menschheitsentwicklung als der ›Meister Jesus‹ begann, der seitdem auf unserer Erde immer wieder und wieder verkörpert lebt zur Lenkung und Leitung jener Geistesströmung, die wir die christliche nennen. Er ist der Inspirator derjenigen, welche das sich lebendig entwickelnde Christentum verstehen wollen; er hat innerhalb der esoterischen Schulen diejenigen inspiriert, welche die Lehren des Christentums fortdauernd zu pflegen hatten. Hinter den großen geistigen Gestalten des Christentums steht er, immerdar lehrend, was eigentlich das große Ereignis von Palästina bedeutet.«[46]

Auf diese Weise wirken nach Steiner die Kräfte und Erfahrungen des »salomonischen Jesus« durch die Geschichte hindurch in der Christenheit weiter. Der Gedanke der Reinkarnation wird hier in den Dienst der Ausbreitung und Vertiefung des Evangeliums gestellt. Eine durch viele Wiederverkörperungen »geistig gereifte Individualität« hilft der Christenheit auf ihrem gefährdeten Weg durch die menschliche Geschichte hindurch zu ihrer Vollendung.

Was Jesus Christus im Johannes-Evangelium (16,13–15) an Beistand und Leitung seinen Jüngern durch die kommende Kraft des Heiligen Geistes zusagt – das übernimmt bei Steiner eine »hohe menschliche Individualität«.

Das Leben Jesu bis zu seiner Taufe

Steiner beschreibt aus seiner »Schau« in der »Akasha-Chronik«, wie »der mit dem Ich des Zarathustra befruchtete Jesus-Knabe« heranwuchs. Seine nächste Umgebung sah in ihm »den kommenden Schriftgelehrten, sein Wirken im Tempel legte diesen Schluß nahe. Dennoch lehrte Jesus immer weniger, und wurde statt dessen immer schweigsamer«. Der Grund dafür war, daß in seinem Inneren ein Kampf tobte: »Er aber kämpfte in seinem Inneren, kämpfte einen gewaltigen Kampf, einen Kampf, der ungefähr in dieser seiner Innerlichkeit hineinfiel zwischen das 12. und 18. Jahr seines Lebens. Es war wirklich etwas in seiner Seele wie ein Aufgehen innerlich liegender Weisheitsschätze, etwas, wie wenn aufgeleuchtet hätte in der *Form der jüdischen Gelehrsamkeit die Sonne des einstigen Zarathustra-Weisheitslichtes.*«[47] (Hervorhebung durch E.K.)

Er hatte in diesen Jahren häufigen Umgang mit den Schriftgelehrten, hörte ihnen aber meistens schweigend zu. »Dabei gingen ihm aber immer große Ideen, Sittensprüche, namentlich bedeutsame, moralische Impulse in jenen Jahren in der eigenen Seele auf.« Und er empfand, »daß vieles Unsichere, leicht zum Irrtum Neigende« in dem war, was die Schriftgelehrten aus ihrer Bildung heraus zu den alten Traditionen des Judentums und zum Alten Testament lehrten. »Ganz besonders aber bedrückte es in einer gewissen Weise seine Seele, wenn er hörte, daß in alten Zeiten der Geist über die Propheten gekommen sei, daß Gott selber inspirierend gesprochen hätte zu den alten Propheten, und daß jetzt die Inspiration von dem nachgeborenen Geschlechte gewichen sei.« Dennoch wirkte der »Geist Jahves« immer noch, wenn auch nicht in der Kraft und Vollmacht wie zur Zeit der Propheten. Dieser schwächere Geist wurde von manchen noch vernommen, und man hatte ihm den Namen Bath-Kol gegeben: »Die Bath-Kol nannte man jene eigentümliche, inspirierende Stimme, zwar eine schwächere Stimme der Eingebung, eine Stimme minderer Art als der Geist, der die alten Propheten inspirierte, aber doch noch etwas Ähnliches stellte diese Stimme dar.«[48]

Der »junge Jesus«[49] war schon früh in der Lage, die »Bath-Kol« »in der eigenen Brust«[50] zu vernehmen. Diese Tatsache ließ ihn schon in jungen Jahren weit hinauswachsen über das gewöhnliche Maß an Weisheit und Bildung der Schriftgelehrten. Aber gerade dieser Umstand, daß er die »Bath-Kol« vernehmen konnte, führte ihn in schwere innere Kämpfe, denn die Stimme hatte ihm eines Tages eine besondere Offenbarung zuteil werden lassen: »Eines Tages, und das war furchtbar für die Seele des Jesus, glaubte er, daß die Bath-Kol ihm offenbarte: Ich reiche jetzt nicht mehr hinauf zu den Höhen, wo mir wirklich der Geist offenbaren kann die Wahrheit über den Fortgang des jüdischen Volkes. Das war ein furchtbarer Augenblick, ein furchtbarer Eindruck, den die Seele des jungen Jesus empfing, als die Bath-Kol ihm selber zu offenbaren schien, daß sie nicht Fortsetzer sein könne des alten Offenbarertums, daß sie sich selber sozusagen für unfähig erklärte, Fortsetzer der alten Offenbarungen des Judentums zu sein. So glaubte Jesus von Nazareth in seinem 16., 17. Jahre, *daß ihm aller Boden unter den Füßen entzogen wäre,* und er hatte manche Tage, wo er sich sagen mußte: Alle Seelenkräfte, mit denen ich glaubte begnadet zu sein, sie bringen mich dazu, zu begreifen, *wie in der Substanz der Evolution des Judentums kein Vermögen mehr besteht, hinaufzureichen zu den Offenbarungen des Gottesgeistes* (Hervorhebungen durch E.K.).«[51]

Nach diesem Ereignis begab sich Jesus auf Reisen innerhalb Palästinas, aber auch an »manche Orte außerhalb Palästinas«. Er lernte auf diesen Reisen »durch äußere, physische Anschauung die Seele der Heiden kennen«[52]. Mit seiner hohen »hellseherischen« Kraft und seiner empfindsamen Seele nahm Jesus die verschiedenen heidnischen Kulte in sich auf und erkannte ihre eigentliche Bedeutung. Die Erlebnisse, die Jesus auf diesen Reisen machte, waren für ihn sehr belastend: »Es waren bittere Erfahrungen, die Jesus von Nazareth so machen mußte. Und diese Erfahrungen kamen zu einem bestimmten Abschluß etwa im 24. Lebensjahre. Da hatte Jesus von Nazareth dasjenige Erlebnis, welches sich anschloß als ein neues, unendlich schweres Erlebnis an das andere von der Enttäuschung durch die Bath-Kol.«[53]

Jesus befand sich in seinem 24. Lebensjahr auf einer Wanderung außerhalb Palästinas. Er kam an eine heidnische Kultstätte, an der einer bestimmten Gottheit geopfert wurde. Um diese Kultstätte stand eine Volksmenge, aber es waren keine Priester vorhanden. »Und Jesus hörte das Volk jammern: Die Priester haben uns verlassen, die Segnungen des Opfers kommen nicht auf uns hernieder und wir sind aussätzig und krank, wir sind mühselig und beladen, weil uns die Priester verlassen haben. Jesus sah mit tiefem Schmerze diese armen Menschen; es jammerte ihn dieses bedrückte Volk und eine unendliche Liebe zu diesen Bedrückten flammte in seiner Seele auf.«[54] Die Liebe, die auf dem Antlitz Jesu erschien, brachte die Menschen dazu, daß sie zu Jesus sagten: »Du bist der neue uns gesandte Priester. – Sie drängten ihn zum Opferaltar hin, sie stellten ihn auf den *heidnischen Altar.* Und er stand auf dem heidnischen Altar, und sie erwarteten, ja sie verlangten von ihm, daß er die Opfer verrichte, damit der Segen ihres Gottes wieder über sie komme. Und während das geschah, während ihn das Volk auf den Opferaltar erhob, da fiel er wie tot hin, seine Seele wurde wie entrückt, und das Volk, das ringsherum glaubte seinen Gott wiedergekommen, sah das Furchtbare, daß derselbe, den es für den neuen, vom Himmel gesandten Priester gehalten hatte, wie tot hingefallen war. Die entrückte Seele des Jesus von Nazareth aber, sie fühlte sich erhoben in die geistigen Reiche, sie fühlte sich wie hineinversetzt in *den Bereich des Sonnendaseins.* Und jetzt hörte sie, wie aus den Sphären des Sonnendaseins herausklingend, Worte, wie diese Seele sie früher durch die Bath-Kol oftmals vernommen hatte. Aber jetzt war die Bath-Kol verwandelt, zu etwas völlig anderem geworden. Die Stimme kam ihm auch von ganz anderer Richtung her, und dasjenige, was Jesus von Nazareth jetzt vernahm, das kann man, wenn man es in unsere Sprache übersetzt, zusammenfassen in die Worte, die ich zum ersten Mal mitteilen durfte, als wir vor kurzer Zeit den Grundstein legten für unseren Dornacher Bau. (Hervorhebungen durch E.K.)

Es gibt ja okkulte Verpflichtungen! (Hervorhebung durch E.K.) Und einer solchen okkulten Verpflichtung folgend hatte ich damals mitzuteilen, was durch die verwandelte Stimme der Bath-Kol Jesus von Nazareth vernahm dazumal, als dies geschah, was ich jetzt eben erzählt habe. Es vernahm Jesus von Nazareth die Worte:

Amen
Es walten die Übel
Zeugen sich lösender Ichheit

Von andern erschuldete Selbstheitsschuld
Erlebet im täglichen Brote
In dem nicht waltet der Himmel Wille
Da der Mensch sich schied von Eurem Reich
Und vergaß Euren Namen
Ihr Väter in den Himmeln.«[55]

Steiner nennt diesen Vorgang das »zweite bedeutsame Ereignis«, das Jesus in seiner Seelenentwicklung seit seinem 12. Lebensjahr durchgemacht hat. »Dadurch, daß er die umgewandelte Stimme der Bath-Kol vernommen hatte, war er auch wie umgewandelt.«[56]

Zu der Zeit, als der 24jährige Jesus zurück nach Nazareth kam, starb übrigens auch sein Vater, der zu Hause geblieben war.

Nach diesen Ereignissen trat Jesus von Nazareth laut Steiner in Verbindung mit dem »Essäerorden«, der in der Nähe von Nazareth eine Niederlassung hatte. Der Orden pflegte nach Steiner in Palästina »eine Art Geheimdienst und Geheimlehre«[57] und stellte hohe Anforderungen an seine Mitglieder: »Derjenige, der dem Orden beitreten wollte, mußte mindestens ein Jahr, zumeist aber mehrere Jahre strenge Probe durchmachen. Er mußte zeigen durch seine Aufführung, durch seine Gesittung, durch seinen Dienst gegenüber den höchsten geistigen Mächten, durch seinen Sinn für Gerechtigkeit, Menschengleichheit, durch seinen Sinn des Nichtachtens äußerer menschlicher Güter und dergleichen, daß er würdig war, eingeweiht zu werden. Wenn er dann aufgenommen wurde in den Orden, dann gab es verschiedene Grade, durch die man aufstieg zu jenem Essäerleben, das bestimmt war, mit einer gewissen Aus- und Absonderung von der übrigen Menschheit, in einer strengen klösterlichen Zucht und durch gewisse Reinheitsbestrebungen, durch die man alles Unwürdige körperlicher und seelischer Art beseitigen wollte, sich der geistigen Welt zu nähern.«[58] Innerhalb des Ordens gehörte alles allen, es gab keinen individuellen Besitz.

Die Essäer, die von Jesus gehört hatten, waren nach Steiner sehr von ihm beeindruckt und nahmen ihn auf »wie einen Externisten«[59]; von seinem 25. bis zu seinem 28. Lebensjahr und noch darüber hinaus nahm Jesus auf, was der Essäerorden ihm an geistigen Dingen zu geben hatte.

Ein besonderes Erlebnis, das Jesus zu dieser Zeit hatte, war seine Begegnung mit dem Buddha: »Es war eine gewaltige, bedeutsame Vision, die wie in einer Art Entrükkung Jesus von Nazareth hatte, in der ihm Buddha wie in unmittelbarer Gegenwart erschien. Ja, der Buddha erschien dem Jesus von Nazareth als Folge des Ideenaustausches mit den Essäern. Und man kann sagen, daß in jener Zeit *zwischen Jesus und Buddha ein Geistgespräch* stattgefunden hat. Es gehört zu meiner *okkulten Verpflichtung*, Ihnen den Inhalt dieses Geistgespräches mitzuteilen, denn wir dürfen, ja wir müssen heute diese *bedeutsamen Geheimnisse der Menschheitsevolution* (Hervorhebungen durch E.K.) berühren. In diesem bedeutsamen Geistgespräch erfuhr Jesus von Nazareth von dem Buddha, daß dieser etwa sagte: Wenn meine Lehre so, wie ich sie gelehrt habe, völlig in Erfüllung gehen würde, dann müßten alle Menschen den Essäern gleich werden. Das aber kann nicht sein. Das war der Irrtum in meiner Lehre. Auch die Essäer können sich nur weiter fortbringen, indem sie sich aussondern von der übrigen Menschheit; für sie müssen übrige Menschenseelen da sein. Durch die Erfüllung meiner Lehre müßten lauter Essäer entstehen. Das aber kann nicht sein. – Das war ein bedeutsames Erlebnis, das durch die Gemeinschaft mit den Essäern Jesus von Nazareth hatte.«[60]

Bei den Essäern machte Jesus von Nazareth – so Steiner – auch die Bekanntschaft von Johannes dem Täufer, der »wie ein Laienbruder innerhalb der Essäergemeinschaft«[61] lebte. »Viele Gespräche fanden statt zwischen Jesus von Nazareth und Johannes dem Täufer.«[62]

In der frühen Christenheit kuriserten viele Berichte über die Kindheit und Jugend Jesu. Mit Bedacht wurde nichts davon in die kanonischen Evangelien aufgenommen. Außer dem Bericht über das Auftreten des zwölfjährigen Jesus im Tempel (Lukas 2,41–52) erfahren wir aus den Evangelien nichts über diese Zeit. Legendenhafte und märchenhafte Ausschmückungen dieser außerbiblischen Berichte verzerren das Bild des heranwachsenden Jesus von Nazareth.

Was Steiner aus seiner »Schau« der »Akasha-Chronik« über die frühen Jahre Jesu berichtet, will er nicht als eine Anknüpfung an diese außerbiblische Legendentradition verstanden wissen, sondern als eine authentische Mitteilung über die Ereignisse, die sich *tatsächlich* in den Kinder- und Jugendjahren Jesu Christi zugetragen hätten.

Die genaue Kenntnis dieser Lebensjahre Jesu ist nach dem anthroposophischen – nicht nach dem biblischen – Verständnis der Person Jesu notwendig, um zu verstehen, was sich bei der Taufe Jesu durch Johannes den Täufer in Wirklichkeit ereignete.

Der Christus

Bis zu seinem 30. Lebensjahr wirkte nach Steiner im »nathanischen Jesus« das Zarathustra-Ich, während in seinem »Astralleib« die Impulse des Buddha ihre Wirkung entfalteten. Bei der Johannes-Taufe im Jordan ereigne sich nun etwas, was in der Geschichte der Menschheit beispiellos sei. An die Stelle des Zarathustra-Ichs trete nun »sozusagen ein höchstes Ich«[63], der Christus selbst. Wie hat man sich das nach Steiner vorzustellen? Was geschah in dem Augenblick, als Johannes der Täufer Jesus von Nazareth in die Fluten des Jordan untertauchte?

Die Antwort Steiners ist geprägt von seinem Menschenbild: »Schon im gewöhnlichen Leben, wenn der

Mensch z. B. dem Ertrinken nahe ist und einen Schock bekommt, tritt das ein, daß er sein bisheriges Leben wie in einem großen Tableau vor sich stehen hat. Das kommt daher, weil da für einen Augenblick das geschieht, was sonst nur nach dem Tode eintritt: der Ätherleib wird herausgehoben aus dem physischen Leibe, wird frei von den Gewalten des physischen Leibes. Das vollzog sich bei den meisten Täuflingen des Johannes, und das vollzog sich besonders bei der Taufe des nathanischen Jesus: sein Ätherleib wurde herausgezogen. Und während dieses Momentes konnte in den Leib des nathanischen Jesus untertauchen und Besitz von ihm nehmen jene hohe Wesenheit, die wir die Christus-Wesenheit nennen. So ist von jenem Zeitpunkte der Johannes-Taufe an der nathanische Jesus durchdrungen von der Christus-Wesenheit. Das bedeuten die Worte, welche in den älteren Evangelienurkunden handschriftlich stehen: ›Dies ist mein vielgeliebter Sohn, heute habe ich ihn gezeuget‹ – das heißt, es ist jetzt der Sohn des Himmels, der Christus gezeugt. Der Befruchter war die einheitliche Gottheit, die durch die Welt webt, und empfangend war der Leib und die ganze Organisation des nathanischen Jesus, der vorbereitet worden war, um den Fruchtkeim aus den Höhen zu empfangen ... Diese Christus-Wesenheit ist diejenige Wesenheit, welche wir nennen müssen den Führer jener geistigen Wesenheiten, welche damals, als die Sonne sich von der Erde getrennt hat, mit der Sonne aus der Erde hinausgingen und sich einen höheren Schauplatz begründeten, um von dieser Sonne aus, also von außen herein, auf die Erde zu wirken.«[64]

Nach der Jordan-Taufe spricht Steiner nicht mehr von Jesus, sondern er gebraucht nun den Titel »Christus-Jesus«.

Nachdem die »dreifache, reine, beste menschliche Hülle«[65], bestehend aus physischem Leib, Ätherleib und astralischem Leib, die »Christus-Wesenheit« in sich aufgenommen hatte, vollzog sich nach Steiner aber nicht nur eine grundlegende Veränderung in der Person des Jesus von Nazareth, sondern auch auf seine Mutter hatte dieses Ereignis eine außerordentliche Wirkung: »Diese Wirkung besteht darinnen, daß sie in diesem Augenblick der Johannes-Taufe wiederum zurückerhielt ihre Jungfräulichkeit, das heißt, sie wurde in ihrer inneren Organisation so, wie die weibliche Organisation vor der jungfräulichen Reife ist. Die Mutter des Jesus von Nazareth wurde bei der Geburt des Christus Jungfrau.«[66]

Steiner beschließt sein »Ergebnis der hellseherischen Beobachtung«[67] mit der bemerkenswerten Aussage: »Wenn wir das Johannes-Evangelium richtig lesen können, so steht in einer gewissen Weise das alles da.«[68]

Um die Steinersche Sicht der Person Jesu zu verstehen, muß man sich seine Methode der Evangelien-Auslegung vor Augen halten. Die Evangelien sind für ihn keine historischen Berichte über das Leben Jesu. Sie sind aber auch nicht Glaubenszeugnisse der frühen Christenheit, als welche sie in der wissenschaftlichen Theologie behandelt werden. Die Evangelisten wollen nach Steiners Auffassung etwas völlig anderes: »Sie wollen im Stile von Mysterienmitteilungen erzählen. Sie erzählen, wie ein Myste von einem Eingeweihten erzählt.«[69]

Die historische Forschung hat für Steiner in diesem Zusammenhang überhaupt keinen Sinn; sie kann nichts klärend zu dem beitragen, was die Evangelisten in ihren Berichten eigentlich überliefern wollen: »Man darf annehmen, daß Tatsachen in den Evangelien überhaupt nicht als geschichtlich genommen werden sollen, so als ob sie nur als Tatsachen der Sinneswelt zu gelten hätten, sondern als *mystisch;* als Erlebnisse, zu deren *Wahrnehmung die geistige Anschauung notwendig ist,* und die aus verschiedenen mystischen Traditionen stammen. Dann aber hört auf, ein Unterschied zu sein zwischen dem Johannes-Evangelium und den Synoptikern. Für die mystische Auslegung kommt eben die geschichtliche Untersuchung gar nicht in Betracht.«[70] (Hervorhebung von E.K.)

Die Mysterienweisheit der alten Welt war »in die israelitische Volksreligion eingebettet worden«. Aus dieser Mysterienweisheit heraus berichten nach Steiner die Evangelisten, sie ist ihr geistiger Hintergrund. Sie sind damit verbunden mit einer Tradition, die weit über die jüdische Überlieferung hinausweist: »Plato weiß sich in Übereinstimmung mit den ägyptischen Priesterweisen, in dem er in seiner philosophischen Weltanschauung den Kern der griechischen Weisheit darlegen will. Von Pythagoras wird erzählt, daß er Reisen nach Ägypten, nach Indien gemacht habe; und daß er bei den Weisen dieser Länder in die Schule gegangen sei. Zwischen den philosophischen Lehren des Plato und dem tieferen Sinn der mosaischen Schriften fanden Persönlichkeiten, die ungefähr um die Zeit der Entstehung des Christentums lebten, so viel Übereinstimmung, daß sie Plato einen attisch redenden Moses nannten. Mysterienweisheit war also überall vorhanden. Aus dem Judentum heraus nahm sie eine Form an, die sie annehmen mußte, wenn sie Weltreligion werden wollte.«[71]

Mit der Auslegung der Geschichte der Auferweckung des Lazarus in Johannes 11 macht Steiner deutlich, daß das Verständnis der Mysterienweisheit für ihn der Schlüssel zum Zugang der Person ist. Man braucht den Text »nur richtig« zu lesen, um zum »wahren Verständnisse zu kommen«.[72] Es handelt sich nach der Auffassung Steiners bei dieser Geschichte nicht darum, daß Jesus seinen verstorbenen Freund nach dessen Tod wieder ins Leben zurückruft; sondern das ganze »muß ein Initiationsvorgang sein«[73]. Jesus kannte die Familie in Bethanien, aus der Lazarus stammte. »Dieser ist Schüler Jesu. Er ist ein solcher Schüler, daß Jesus mit Gewißheit annehmen kann: mit ihm werde sich einst die Erweckung vollziehen.«[74] Die Erweckung ist im Steinerschen Sinne nicht ein Zurückrufen aus dem Tod ins Leben, sondern der Abschluß der Mysterieneinweihung. Der Leib des Lazarus wurde »in einen somnambulen Schlaf durch drei Tage versetzt«[75]. Während dieser Zeit vollzog sich an ihm eine »Lebenswandlung«[76]. Diese Lebenswandlung bestand darin, daß sich seine Seele von allem Irdischen befreite, »dessen sich der höhere Mensch im Sinne der Mysterien zu schämen hat«[77].

Das Grab in der Erzählung weist nach Steiner auf die irdische Leiblichkeit des Menschen hin; man braucht »nur an Plato zu denken, der den Leib des Menschen ein Grab der Seele nennt. Und man braucht sich nur zu erinnern, daß auch Plato von einer Art Auferstehung spricht, wenn er auf das Lebendigwerden der geistigen Welt in dem Leibe deutet. Was Plato die geistige Seele nennt, das bezeichnet Johannes als das ›Wort‹. Und Christus ist ihm das ›Wort‹. Plato hätte sagen können: Wer geistig wird, der hat ein Göttliches aus dem Grabe seines Leibes auferstehen lassen. Und für Johannes ist das, was durch das ›Leben Jesu‹ geschehen ist, diese Auferstehung. Kein Wunder, wenn er also Jesum sagen läßt: ›Ich bin die Auferstehung‹. *Kein Zweifel kann sein, daß der Vorgang in Bethanien eine Erweckung im geistigen Sinne ist* (Hervorhebung durch E.K.). Lazarus ist ein anderer geworden als er vorher war. Er ist zu einem Leben erstanden, von dem das ›ewige Wort‹ sagen konnte: ›Ich bin dieses Leben‹. Was also ist mit Lazarus vorgegangen? Es ist der Geist in ihm lebendig geworden.«[78]

Indem Jesus den Lazarus aus seinem »bildhaften Tod« ins Leben zurückrufe, vollziehe er an ihm öffentlich eine Handlung, die bisher nur im verborgenen an den Kultstätten der verschiedenen Mysterien vollzogen werden durfte. »Lazarus war zum Schlußakte des großen Erkenntnisdramas gekommen. Er hatte erkannt, wie man zur Auferstehung gelangt. Eine Einweihung in die Mysterien war vollzogen. Was man sich im ganzen Altertum unter einer solchen Einweihung gedacht hatte, lag vor. Es war durch Jesus, als Initiator geschehen. So hatte man sich immer die Vereinigung mit dem Göttlichen vorgestellt. An Lazarus hat Jesus im Sinne uralter Traditionen das große Wunder der Lebensverwandlung vollbracht. *Damit ist das Christen-*

tum an die Mysterien angeknüpft. Lazarus war durch den Christus Jesus selbst ein Eingeweihter geworden. Er war dadurch fähig geworden, *sich in die höheren Welten zu erheben.*«[79] (Hervorhebungen durch E.K.)

Steiner kann sagen, daß in den Worten Jesu: »Lazarus, komm heraus«, der Ruf der »ägyptischen Priester-Initiatoren« wieder zu erkennen sei, die damit »diejenigen wieder ins Leben des Alltags zurückriefen, welche, um dem Irdischen abzusterben und die Überzeugung von dem Dasein des Ewigen zu gewinnen, sich den weltentrückenden Prozessen der Einweihung unterzogen«[80].

Mit der öffentlichen Einweihung des Lazarus hat Jesus Christus aber einen Mysterienverrat begangen, darauf stand in der Antike der Tod. Kein Mensch durfte die Geheimnisse der Mysterien in die Öffentlichkeit tragen. »Es wird erklärlich, daß einen solchen Vorgang die Juden an Jesu ebensowenig ungesühnt lassen konnten, wie die Griechen es hätten an Aischylos ungesühnt lassen können, wenn er die Mysteriengeheimnisse verraten hätte.«[81]

Daß die führenden Priester des jüdischen Volkes kurz nach Bekanntwerden der Auferweckung des Lazarus den Tod Jesu beschlossen, ist für Steiner ein offensichtlicher Beweis dafür, daß es sich bei dieser Erzählung um den Bericht einer öffentlichen Mysterieneinweihung handelt. Die Lazarusgeschichte weise nun hinüber auf die Kreuzigung Jesu, denn »diese Initiation sollte zum Verständnis des Mysteriums von Golgatha vorbereiten«[82]. Auf eine besondere, alle anderen Arten der Initiation übertreffende Weise stellten der Tod und die Auferstehung Jesu Christi selbst eine öffentlich vollzogene Initiation dar.

Die Passion Jesu

In der Passion Jesu vollzieht sich für Steiner die Loslösung des Christus von seiner irdischen Hülle, dem Jesus von Nazareth. In besonderer Weise sieht er das im Markusevangelium dargestellt. »Man versteht nur, was da geschehen ist, wenn man die Dinge in ihren *okkulten Tiefen* (Hervorhebung durch E.K.) ins Auge faßt. Ich habe schon darauf hingewiesen, wie das Markus-Evangelium deutlich zeigt, daß in seinem Verlaufe okkulte Tatsachen, spirituelle Tatsachen mit rein physischen Tatsachen durcheinander geschildert werden.«[83]

Die spirituelle Deutung physischer Ereignisse wird für ihn besonders im 14. Kapitel des Markusevangeliums deutlich. »Der Christus ist überall verbunden mit einer weithingehenden wirksamen Aura. Diese wirksame Aura war dadurch da, daß er mit den Menschen, die er auserwählt hatte, in den Seelen verbunden war, und sie war so lange da, als er mit ihnen verbunden war. Der Kelch war nicht vorübergegangen. Die auserwählten Menschen hatten kein Verständnis gezeigt. Da zog sich allmählich die Aura von dem Menschen Jesus von Nazareth zurück, *und immer fremder wurden einander der Christus und der Menschensohn, der Jesus von Nazareth. Immer mehr allein war der Jesus von Nazareth gegen das Ende des Lebens, und immer loser war der Christus mit ihm verknüpft, immer loser*«[84] (Hervorhebung durch E.K.). Durch das Unverständnis der Menschen, d.h. in diesem Fall seiner Jünger, wurde der Zusammenhang des Christus mit Jesus von Nazareth »gelokkert«[85]. Jesus von Nazareth hatte nicht mehr die Vollmacht und Kraft, die er besaß, als er die Händler aus dem Tempel trieb und seine großen Wunder vollbrachte, die Häscher konnten ihn jetzt gefangennehmen, da er »nur noch in einem losen Zusammenhange mit dem Christus stand«[86]. Und Steiner stellt die Frage: »Was konnten sie fangen, was verurteilen und was ans Kreuz schlagen? Den Menschensohn.«[87] Markus 14,51–52 ist für ihn dabei die Schlüsselstelle, es heißt dort im Zusammenhang mit der Gefangennahme Jesu: »Und es war ein Jüngling, der folgte ihm nach, der war mit einer Leinwand bekleidet auf der bloßen Haut;

und sie griffen ihn. Er aber ließ die Leinwand fahren und floh nackt davon.«

Steiner deutet diese Szene aus seiner okkulten Schau so: »Wer ist der Jüngling? Wer entweicht da? Wer ist es, der da neben dem Christus Jesus erscheint, unbekleidet fast, und dann unbekleidet entschlüpft? *Das ist der junge kosmische Impuls, das ist der Christus, der da entschlüpft«*[88] (Hervorhebung durch E.K.).

Derselbe Jüngling taucht – so Steiner – nach der Auferstehung in Markus 16,5 wieder auf. »Nirgends sonst in der künstlerischen Komposition der Evangelien tritt dieser Jüngling uns entgegen, der den Menschen in dem Augenblick entschlüpft, da sie den Menschensohn verurteilen, der wieder da ist, als die drei Tage vorüber sind, und der von jetzt ab wirkt als das *kosmische Prinzip der Erde«*[89] (Hervorhebung durch E.K.).

Durch diese Deutung der Passion Jesu ist der Christus, der Messias, der Sohn Gottes selbst bei Steiner aus der Passion herausgenommen. Es leidet nur noch Jesus der Mensch. Das tiefe Geheimnis des Evangeliums, daß Gott selbst an unserer Stelle die Strafe der Sünde am Kreuz auf sich nahm, geht damit verloren. Der leidende Jesus von Nazareth ist nicht der leidende Jesus Christus, der Messias.

Welchen Sinn, welche Bedeutung hat nun das Sterben Jesu am Kreuz für Steiner? Um diese Frage beantworten zu können, muß man sich zuerst ganz klar machen, welche Eigenschaften der »Ätherleib« besitzt. In dem menschlichen Ätherleib ist verwoben, »was wir als Gesinnung unserer Seele in uns getragen haben bis zu unserem Tode«[90]. Nach unserem Tod geben wir den Inhalt unseres Ätherleibes an den »allgemeinen Ätherkosmos«[91] weiter. Wir können auf diese Weise den Ätherkosmos positiv oder negativ beeinflussen. Zugleich befinden sich im Ätherleib jedoch auch »junge Kräfte darinnen, die zusammenhängen mit dem, was die Erde wie Keimfähiges im Kosmos enthält, um hinübergeführt zu werden zur nächsten Inkarnation der Erde. Aber diesen gleichsam keimeskräftigen Teil des Ätherleibes kann man nur sehen, wenn man ein gewisses Verhältnis gewonnen hat zu der Christus-Wesenheit, zu dem Christus-Impuls. Denn dieser Teil ist durchdrungen von den Christus-Kräften, die sich durch das Mysterium von Golgatha in die *geistige Erdensphäre* ausgegossen haben. Da sind sie drinnen, in diesem Teil. *Denn diese Christus-Kräfte stellen das dar, was auch von den Menschen das Keimfähige hinüberträgt zum Jupiter*« (Hervorhebungen durch E.K.). Dieser Christus-Impuls bewirkte die »Wiederbelebung des ganzen Geistigen der Erde«[92].

Wie kam der Christus-Impuls nun in die Erde hinein? Beim Sterben Jesu am Kreuz von Golgatha floß sein Blut auf die Erde und drang in die Erde hinein. »Dieser Teil des Blutes ätherisierte sich, wurde wirklich aufgenommen von den Ätherkräften der Erde, so daß das Blut, das damals aus den Wunden floß, zur Äthersubstanz wurde. Und diese Äthersubstanz erglänzt, erhellt, erflimmert in dem Ätherleibe und – man empfindet es so nach dem Tode – zeigt sich so, daß der Mensch weiß: Da ist frisch keimendes Leben, welches den Menschen lebensfähig der Zukunft entgegenführt.«[93]

Es wurde jedoch nicht nur das Blut Jesu von der Erde aufgenommen, sondern der ganze Leib des toten Jesus ging in die Erde über. »Gerade die Betrachtung aus dem Fünften Evangelium zeigt an, daß, nachdem der Leichnam des Christus Jesus in das Grab gelegt worden ist, wirklich etwas eintrat, wodurch zum Schluß die Dinge da sein konnten, wie sie so wunderbar genau das Johannes-Evangelium schildert: wie das Grab leer ist und wie die Tücher ringsherum lagen. So war es auch. Das zeigt uns das Fünfte Evangelium. Es war deshalb so, weil ein wellenartiges Erdbeben stattgefunden hatte mit einer Spaltung der Erde. In diesen Spalt fiel der Leichnam des Christus Jesus hinein. Dieser Spalt schloß sich dann wieder. Und durch das wellenartige Bewegen und Stürmen wurden tatsächlich die

Leichentücher so herumgeworfen, wie sie dann im Johannes-Evangelium bei der Beschreibung des leeren Grabes in ihren Lagen geschildert werden ... Noch etwas hat sich also in den Ätherleib hineinbegeben: Was da von dem Erdspalt aufgenommen worden ist, das durchdrang dasjenige, was wir das in der Äthersubstanz erflimmernde und erglitzernde Blut genannt haben, und dadurch wird das flimmernde und glitzernde Blut im Ätherleibe sichtbar ... Es spannt sich aus in diesem sich ausbreitenden Ätherleibe wie eine Grundsubstanz der Leib, der blutentleerte Leib des Christus Jesus, der von dem Erdspalt aufgenommen worden ist und so in die Erde übergegangen ist.«[94]

Für den einzelnen Menschen hat dieser Vorgang erlösende Bedeutung: »Es macht des Menschen Seligkeit nach dem Tode aus, im Anblick seines Ätherleibes die Sicherheit des Christus-Impulses zu haben«.[95]

Die Auferstehung

Wenn sich alles so abgespielt hat, wie es Rudolf Steiner in der »Akasha-Chronik« »geschaut« hat, dann stellt sich die »Wesenskernfrage des Christentums: Wie steht es mit der Auferstehung Christi?«[96] Wer oder was ist dann an Ostern auferstanden? Wen haben die Zeugen der Auferstehung gesehen? Steiner sagt zu Recht: »Was sagt Paulus? Daß überhaupt das ganze Christentum keine Berechtigung und der Christenglaube keinen Sinn habe, wenn die Auferstehung keine Tatsache sei!«[97] (vgl. 1. Korinther 15,14) Und er stellt die Frage: »Wie können wir uns diesen Dingen vom Standpunkte der Geisteswissenschaft aus nähern?«[98] Steiner versucht diese Frage vom Verständnis des Leibes aus zu beantworten, wobei er ausdrücklich feststellt, »daß die Betrachtung des physischen Menschenleibes an sich zu den schwierigsten hellseherischen Problemen gehört, zu den allerschwierigsten!«[99]

Was der Mensch mit seinem Tode ablegt, ist nichts anderes als eine Ansammlung von Stoffen und Materialien, die wir auch sonst in der Natur vorfinden. Das Entscheidende aber fehlt, nämlich das, was dem menschlichen Leib eine Form geben würde. »Zum physischen Menschenleib gehört aber diese Form ganz wesentlich.«[100] Das, was dem menschlichen Leib seine Form gibt, nennt Steiner das *Phantom.* »Dieses Phantom ist die Formgestalt des Menschen, welche als ein Geistgewebe die physischen Stoffe und Kräfte verarbeitet, so daß sie in die Form hineinkommen, die uns als der Mensch auf dem physischen Plane entgegentritt. Wie der plastische Künstler keine Statue zustandebringt, wenn er Marmor oder irgend etwas anderes nimmt und wüst darauf losschlägt, daß einzelne Stücke abspringen, wie sie der Stoff eben abspringen läßt; sondern wie der plastische Künstler den Gedanken haben muß, den er dem Stoffe einprägt, so ist auch für den Menschenleib der Gedanke vorhanden; aber nicht so vorhanden wie derjenige des Künstlers, sondern als der *reale Gedanke in der Außenwelt* (Hervorhebung durch E.K.): als Phantom. Was der plastische Künstler einprägt seinem Stoffe, das wird den Stoffen der Erde, die wir nach dem Tode dem Grabe oder dem Feuer übergeben sehen, eingeprägt als Phantom des physischen Leibes. Das Phantom gehört zum physischen Leibe, es ist der übrige Teil des physischen Leibes, ist wichtiger als die äußeren Stoffe; denn die äußeren Stoffe sind im Grunde genommen nichts anderes als etwas, was hineingeladen wird in das Netz der menschlichen Form, wie man Äpfel auf einen Wagen lädt. Das Phantom ist etwas Wichtiges!«[101]

Es ist Steiner wichtig, darauf hinzuweisen, daß das »Verständnis des physischen Leibes nicht in der Welt der Illusion, nicht in der *Welt der Maja* (Hervorhebung durch E.K.) gesucht werden« darf. Das »Phantom« ist das Ergebnis einer langen Entwicklungszeit innerhalb der Evolution der Menschheit: »Wir wissen, daß den Grundstein, sozusagen den Keim zu diesem Phantom des physischen Leibes, die Throne während der Saturnzeit gelegt haben, daß dann weiter daran gearbeitet haben die Geister der Weisheit während der Sonnenzeit, die Geister der Bewegung während der Mondenzeit und die Geister der Form während der Erdenzeit. Und dadurch erst ist das, was der physische Leib ist, zum Phantom geworden.«[102]

Während der Saturn-, Sonnen- und Mondenzeit blieb der Mensch für das äußere Auge etwas Unsichtbares. Der Mensch wäre in seiner äußeren Gestalt unsichtbar geblieben, »wenn nicht das eingetreten wäre, was uns die *Bibel symbolisch* und was uns *wirklich die Geheimwissenschaft* schildert: der luziferische Einfluß ... Die luziferischen Kräfte in seinem Inneren machen den Menschen so sichtbar, wie er uns auf dem physischen Plane entgegentritt; sonst wäre sein physischer Leib immer unsichtbar geblieben.«[103] Der menschliche Leib besteht für Steiner »wirklich aus absoluter Durchsichtigkeit« und nur dadurch, »daß er von Luzifer verführt worden ist, und daß gewisse Kräfte in seinen Astralleib hineingegossen worden sind«, ist er undurchsichtig und greifbar geworden. »Daraus muß folgen, daß, indem das Ich unter dem Einfluß des Luzifer auf der Erde in den Zusammenhang von physischem Leib, Ätherleib und Astralleib eingezogen ist, *der Mensch erst das geworden ist, was er auf der Erde ist*«[104] (Hervorhebungen durch E.K.).

In der Jordantaufe zog nun die »Christus-Wesenheit« in den Leib des Jesus von Nazareth ein. Damit entstand zum ersten Mal in der Menschheitsentwicklung etwas grundsätzlich Neues: »Ein physischer Leib, ein Ätherleib, ein astralischer Leib, *in denen die Reste der luziferischen Einflüsse von früher drinnen sind* (Hervorhebung durch E.K.), aber in die keine neuen Einflüsse hineinkommen können in den nächsten drei Jahren, und die Christus-Wesenheit: das macht den Christus Jesus aus.«[105] Die Reste der »luziferischen Einflüsse« machten Jesus Christus während seiner irdischen Lebenszeit nach Steiner sichtbar.

In jedem Menschen ist durch die »luziferischen Einflüsse« das »Phantom« zerstört. Mit der Zerstörung des »Phantoms« ist auch der physische Tod des Menschen in den Entwicklungsprozeß der Menschheit hineingekommen. Gäbe es nicht die »luziferischen Einflüsse«, so wäre im physischen Leib des Menschen ein Gleichgewicht zwischen den zerstörenden und den aufbauenden Kräften vorhanden. »Im Beginne unseres Erdendaseins ist durch den luziferischen Einfluß der physische Leib nicht so geworden, wie er hätte werden sollen durch den Willen der Mächte, die durch Saturn, Sonne und Mond gewirkt haben; sondern es hat sich ihm ein Zerstörungsprozeß eingegliedert. Und der Mensch lebt fortan – seit dem Beginn des Erdendaseins – in einem physischen Leib, der der Zerstörung unterworfen ist, der nicht in entsprechender Weise den zerstörenden Kräften die aufbauenden Kräfte entgegensetzen kann.«[106]

Steiner sieht diesen Vorgang symbolisch im Sündenfall aus 1. Mose 3 ausgedrückt. Die Folge dieses Zerstörungsprozesses war, daß die Menschheit nicht zum vollen Bewußtsein des menschlichen Ich gelangen konnte. Der Zusammenhang zwischen dem menschlichen Ich und seinem physischen Leib besteht für Steiner darin, daß der physische Leib der Spiegel der inneren Seelenerlebnisse ist. Ist nun der physische Leib durch die Zerstörung des »Phantoms« in seiner eigentlichen Funktion gestört, so kann der Mensch nicht zu einem wahren Bewußtsein seiner Selbst gelangen. Steiner macht das am Bewußtseinsstand des Buddhismus und des alten Griechentums deutlich:

»In Wahrheit liegt die Sache so, daß der Mensch im Laufe der Erdenentwicklung die Form des physischen Leibes verloren hat; daß er nicht das hat, was ihm sozusagen von Göttern zugedacht war vom Erdenanfang an. Das mußte er erst wieder bekommen; das mußte ihm erst wieder mitgeteilt werden: und es ist *unmöglich, das Christentum zu begreifen, wenn man nicht einsieht, daß zur Zeit, als die Ereignisse von Palästina sich abspielten, das Menschengeschlecht über die Erde hin dort angekommen war, wo dieser Zerfall des physischen Leibes seinen Höhepunkt erreicht hatte, und wo eben deswegen für die gesamte Entwicklung der Menschheit die Gefahr bestand, daß das Ich-Bewußtsein, die eigentliche Errungenschaft der Erdenentwicklung verlorengehe«*[107] (Hervorhebung durch E.K.).

Durch das Mysterium von Golgatha aber nahm die Erdentwicklung eine neue Richtung. »Es ist eingetreten, daß dieser *eine Mensch, der der Träger des Christus* war, einen solchen Tod durchgemacht hat, daß nach drei Tagen dasjenige, was am Menschen das eigentlich Sterbliche des physischen Leibes ist, verschwinden mußte und aus dem Grabe sich jener Leib erhob, der der *Kräfteträger der physisch-materiellen Teile ist.* Das, was eigentlich dem Menschen zugedacht war von den Beherrschern von Saturn, Sonne und Mond, das hat sich erhoben aus dem Grabe: das reine Phantom des physischen Leibes, mit allen Eigenschaften des physischen Leibes«[108] (Hervorhebungen durch E.K.).

In dieser Form ist Jesus Christus als der Auferstandene nach Steiner seinen Jüngern begegnet. Als solchen haben sie ihn, nachdem sie ihn gesehen und betastet hatten, als den Auferstandenen verkündigt. Die Auferstehung Jesu Christi hat eine Wirkung für die gesamte Menschheit: »Ebenso wie von dem Leibe des Adam abstammen die Leiber des Erdenmenschen, insofern sie den zerfallenden Leib haben, so stammen ab von dem, was aus dem Grab auferstand, die geistigen Leiber, die *Phantome für alle Menschen«* (Hervorhebung durch E.K.).[109]

In diesem Sinne ist für Steiner die Auferstehung der Dreh- und Angelpunkt seiner Christologie. Ihr rechtes, das heißt »geisteswissenschaftliches« Verständnis ist für ihn von zentraler Bedeutung, »denn mit der Auferstehungsfrage hängt die *ganze Entwicklungsgeschichte der Menschheit* zusammen«[110]. Sie ist der Dreh- und Angelpunkt des gesamten Menschheitsdramas, wie er es aus seiner »geisteswissenschaftlichen Erkenntnis« heraus »schaut«. Das

Übersicht VII: *Die Christologie Steiners:*

Königliche Linie des Davidhauses	priesterliche Linie
Salomonischer Jesus (Matthäusevangelium)	nathanischer Jesus (Lukasevangelium)
enthält Zarathustra-Wesenheit	enthält Buddha-Wesenheit
Zarathustra-Ich verläßt salomonischen Jesus und dringt in nathanischen Jesus ein	Anlaß: 12jähriger Jesus im Tempel Lukas 2,41–52
innerer Kampf (Bath-Kol) Priestertum, Entrückung der Seele Essäerorden, Buddhavision	kein biblischer Anhalt
Der Christus tritt an die Stelle des Zarathustra-Ich	Taufe Jesu im Jordan
Verfolgung	Auferweckung des Lazarus (Johannes 11) wird als unautorisierte Initiation und als Verrat der Mysterien verstanden.
Der Christus löst sich von seiner irdischen Hülle	Passion
Mit dem »reinen Phantom« »entstehen« geistige Leiber für alle Menschen	Auferstehung

Ereignis von Golgatha bewirkte eine *»vollständige Wiederaufrichtung der verlorenen Entwicklungsprinzipien des Menschen«*[111] (Hervorhebungen durch E.K.).

Steiner sieht diese Schau der Auferstehung bestätigt im Neuen Testament, besonders bei Paulus, dessen Adam-Christus-Typologie ihn besonders anspricht. So ist für ihn die geisteswissenschaftliche Schau auch der eigentliche Schlüssel zum rechten Verständnis der Paulinischen Lehre. »Wenn wir uns dieses, was *wirklich die Paulinische Lehre* wiedergibt, in die Seele schreiben, dann kommen wir dazu, das Mysterium von Golgatha als *etwas Reales* zu betrachten; als etwas, was in der Erdentwicklung geschehen ist und geschehen mußte; denn es ist ja *wörtlich die Rettung des menschlichen Ich«*[112] (Hervorhebungen durch E.K.).

Das Vaterunser – Gebet oder Meditation?

Das älteste einigende Band, das alle Christen aus allen Konfessionen und Denominationen untereinander verbindet, ist das Gebet, das Jesus seine Jünger in der Bergpredigt (Matthäus 6) gelehrt hat: das Vaterunser. Dieses Gebet kann von Menschen nie ganz verstanden werden; keine noch so kluge und tiefe Exegese wird das Gebet Jesu je erschöpfend deuten und auslegen können. Der menschliche Verstand in seiner ganzen Größe und geistigen Kraft wird nie ausreichen, das Unbegreifliche in Worte zu fassen, was Jesus seine Jünger in diesen wenigen Versen lehrt: das Gespräch des vergänglichen Geschöpfes mit seinem ewigen Schöpfer. In diesem Gebet gibt Jesus keine Diagnose seiner Zeit, er beschreibt nicht den Menschen mit all seinen ihn bedrängenden Zweifeln und Ängsten, mit seinen Möglichkeiten und Grenzen, sondern er lädt ihn ein, mit dem Gott, aus dessen Hand er kommt, als seinem Vater zu reden. Gott, den die Menschen oft als stummes, blind zuschlagendes Schicksal verstehen, der für sie so oft weit und unerreichbar im Himmel zu thronen scheint, wird von Jesus Christus als Vater, mit dem man in ein so vertrautes Gespräch treten kann, angeredet.

Das Vaterunser setzt in seiner ganzen Struktur Gott als ein personhaftes Gegenüber voraus. Wo immer das Vaterunser als ein neutraler Meditationstext ausgedeutet wird, geht diese Deutung an der biblischen Botschaft vorbei.

Es ist auch kein Selbstgespräch der frommen Seele mit sich selbst, worin sie sich ihres eigenen religiösen Urgrundes vergewissern will; in diesem Falle bliebe der Mensch bei sich selbst und in seiner eigenen Verlorenheit zurück.

Die gesamte biblische Überlieferung des Alten und Neuen Testaments, von den Erzvätern Abraham, Isaak und Jakob an bis zu Jesus Christus selbst, läßt keine andere Deutung des Vaterunsers zu als diese: Wir dürfen als Christen direkt und unmittelbar mit unserem himmlischen Vater reden. Indem wir so, wie Jesus es uns gesagt hat, zum Vater beten, sind wir auch gewiß, daß dieser Vater uns hört. Unser betendes Reden mit dem Vater im Himmel verliert sich nicht in der Weite des Weltalls, sondern es erreicht eine Person, die uns kennt, sieht und hört! »Denn die Mitte der biblischen Botschaft ist ein lebendiger und persönlicher Gott, der sich in Jesus Christus, also in einer Person, an uns Menschen gewandt, sich uns erschlossen und uns angeredet hat. Solange wir an diesem Zeugnis der Heiligen Schrift über einen persönlichen Gott festhalten, solange wir unseren Glauben auf ihn richten und unser Vertrauen auf ihn setzen, brauchen wir das Gebet als Brücke des Gesprächs und damit als Ausdruck der Gemeinschaft zwischen Gott und uns. Wie anders kann sich Gemeinschaft vollziehen als im gegenseitigen Hören und Antworten?«[113]

Auf dem Hintergrund dieses biblischen Verständnisses des Gebetes, das Jesus seine Jünger lehrte, ist es bemerkenswert, welche Deutung Steiner aus seinem anthroposophischen Denken heraus dem Vaterunser gibt. In seiner

»esoterischen Betrachtung« des Vaterunsers beschreibt Steiner, warum dieses »Mittelpunktsgebet des christlichen Lebens«[114] für ihn der »Ausdruck des siebengliedrigen Menschen«[115] ist. Wie kommt Steiner zu dieser Feststellung?

Er geht in seiner Betrachtung des Vaterunsers vom Bild des Menschen aus, wie es in der Anthroposophie beschrieben wird: Die vier niederen Wesensglieder der menschlichen Natur, physischer Leib, Ätherleib, Astralleib und das Ich ergeben zusammen mit den höheren Wesensgliedern des Menschen, Manas (Geistselbst) und Buddhi (Lebensgeist) und Atma (Geistesmensch) die Siebengliedrigkeit des Menschen.

Steiner ordnet nun jedem der drei oberen Glieder und jedem der vier unteren Glieder je eine Bitte des Vaterunsers zu:

Atma	–	Dein Wille geschehe
Buddhi	–	Dein Reich komme
Manas	–	geheiligt werde Dein Name
Ich	–	erlöse uns von dem Übel
Astralleib	–	führe uns nicht in Versuchung
Ätherleib	–	vergib uns unsere Schuld
physischer Leib	–	unser täglich Brot gib uns heute.

Welchen Sinn hat die Zuordnung der sieben Bitten des Vaterunsers zu den sieben Wesensgliedern des Menschen?

In der Antwort Steiners auf diese Frage wird die Kluft, die die anthroposophische Geisteswissenschaft von der biblischen Wahrheit trennt, besonders deutlich: »Jetzt denken Sie sich einmal diese ganze Menschennatur, die niedere Vierheit und die höhere Dreiheit vor Ihre Seele gerückt, so daß Sie sich sagen können: In dem einzelnen Menschen lebt ein göttlicher Tropfen, und der Mensch ist in seiner Entwicklung zu dem Göttlichen hin, zur Ausprägung seiner tiefsten innersten Natur. – Hat er einmal diese tiefste innerste Natur ausgeprägt, dann hat er durch *allmähliche Entwicklung sein eigenes Wesen in dasjenige verwandelt, was im Christentum der ›Vater‹ genannt wird* (Hervorhebung durch E.K.). Was verborgen in der menschlichen Seele ruht, was als das große Ziel der Menschheit vorschwebt, das ist der ›Vater im Himmel‹. Will der Mensch sich zu dem hin entwickeln, dann muß er die Kraft haben, seine höhere Dreiheit und seine niedere Vierheit zu dem Punkte zu entwickeln, daß sie in richtiger Weise den physischen Leib erhalten: Der Äther- oder Lebensleib muß mit den Menschen so leben, daß ein Ausgleich stattfindet mit dem, was als Schuld in ihm lebt, der Astralleib darf nicht in der Versuchung untergehen und der Ich-Leib nicht im Übel. Hinaufstreben muß der Mensch durch die drei höheren Glieder zu dem Vater im Himmel, durch den Namen, durch das Reich und durch den Willen.«[116]

Die Anrede »Vater unser, der Du bist im Himmel« ist für Steiner keine Anrede an ein personales Gegenüber, das mein Gebet erhören wird, sondern »damit wird auf *den tiefsten Seelengrund der menschlichen Natur hingedeutet, auf das innerste Wesen des Menschen,* das dem geistigen Reiche gemäß der christlichen Esoterik angehört. Die drei ersten Bitten beziehen sich auf die drei höheren Glieder der Menschennatur, *auf den göttlichen Inhalt des Menschen:* Dein Name werde geheiligt. Dein Reich komme zu uns. Dein Wille geschehe.«[117] (Hervorhebungen von E.K.)

Aus dieser »geisteswissenschaftlichen« Deutung der sieben Bitten Jesu kann dann Steiner zu dem Schluß kommen: »Das Vaterunser ist also ein Gebet, durch das sich der Mensch in den Momenten, wo er es braucht, erheben soll zu dem Sinn der Entwicklung seiner siebengliederigen Menschennatur, und die sieben Bitten sind dann, wenn sie auch im naivsten Menschen auftreten, der sie gar nicht verstehen kann, Ausdruck der geisteswissenschaftlichen Anschauung der Menschennatur.«[118]

Das Vaterunser ist jedoch die Antwort Jesu auf die Frage

seiner Jünger: »Herr, lehre uns beten.« Steiner kennt nicht das persönliche Reden des Menschen mit dem göttlichen Du. Dieser sehr intime Vorgang ist in Steiners Denksystem unmöglich.

Das wirkliche Gebet ist für ihn eine Meditation, eine »Form der Erhebung des Menschen, der menschlichen Seele zu den göttlich-geistigen Weltmächten.« Dabei bedarf die Meditation bestimmter Formeln, um sie wirksam werden zu lassen. Irgendwelche beliebigen Gedankeninhalte machen die Meditation für den Meditierenden wirkungslos.

»Wer meditiert, und sei es in der einfachsten Art, durch irgendeine der von den geistigen Führern der Menschheit stammenden Meditationsformeln, wer meditiert und sich also im Geiste irgendeine der Formeln, *irgendeinen der bedeutenden Gedankeninhalte* gegenwärtig sein läßt – Sie wissen, es kann nicht jeder Gedankeninhalt sein, sondern es muß ein solcher sein, der von den Meistern der Weisheit und des Zusammenklangs der Empfindungen gegeben wird –, wer meditiert und diese Formeln in seinem Herzen leben läßt, der durchlebt ein Zusammenfließen mit der höheren Geistigkeit, es durchströmt ihn eine höhere Kraft.«[119]

Diese Form der Meditation kann dem, der sie übt, in ihrer einfachsten Form eine moralische Stärkung verleihen, sie kann ihm aber auch »hohe hellseherische« Möglichkeiten eröffnen. »Dieses Meditieren wird gewöhnlich als eine mehr morgenländische Art, sich zu seinem Gotte zu erheben, angesehen. Im Abendlande, namentlich innerhalb der christlichen Gemeinschaft, kennt man an seiner Stelle das Gebet, das *Gebet, durch das sich der Christ zu seinem Gotte erhebt*«[120] (Hervorhebungen durch E.K.).

Wie verhalten sich nun die Meditationen und das Gebet zueinander? Für Steiner ist »alles, was an Meditationsformeln jemals in großen Religionsgesellschaften existiert hat, *aus der Geheimwissenschaft entsprungen*«[121]. Die großen geistigen Führer der Menschheit, die die Menschen das Meditieren und das Beten lehrten, kannten nach Steiner die Gesetzmäßigkeiten der geistigen Welt, wie sie von der »Geheimwissenschaft« erforscht und gelehrt werden und schufen so die bedeutenden Meditationsformeln und Gebete, die in den Traditionen der Menschheit leben. Daher gibt es für Steiner keinen wesensmäßigen Unterschied zwischen dem, was die Meditation ist, und dem, was das Gebet eines Christen ausmacht: »Die Meditation ist nur mehr *gedankenmäßig,* und es wird durch sie versucht, durch die Gedanken der großen Führer der Menschheit den Zusammenklang mit den göttlichen Strömungen, die durch die Welt gehen, zu erreichen. Im Gebet wird *dasselbe in einer mehr gefühlsmäßigen Art erreicht*«[122] (Hervorhebungen durch E.K.).

Es ist selbstverständlich, daß in diesem Verständnis des Gebetes kein Raum ist für persönliche Bitten des Betenden an Gott, denn »er setzt voraus, daß die Gottheit gerade seine Wünsche besonders befriedige«[123].

Er darf auch kein unvollkommenes, bruchstückhaftes, freiformuliertes Gebet sein, das der Betende vor Gott bringt, weil es sonst keine Wirksamkeit in der geistigen Welt entfalten kann: »Soll das Gebet ein wirksames Gebet sein, *dann darf es nicht beliebig erfunden* (Hervorhebung durch E.K.), sondern es muß aus den urewigen Gesetzen der Weisheit hervorgegangen sein, wie die Pflanze aus den urewigen Gesetzen der Weisheit hervorgegangen ist.«[124]

Diese »urewigen Gesetze« der Weisheit aber werden in der anthroposophischen »Geisteswissenschaft« erforscht und entfaltet. So kann Steiner aus seiner »geisteswissenschaftlichen Erkenntnis« heraus in bezug auf das Beten der Christen zu einer bemerkenswerten Schlußfolgerung kommen: *»Durch zwei Jahrtausende hindurch haben die Christen so gebetet, wie der naive Mensch eine Pflanze anschaut* (Hervorhebung durch E.K.). In Zukunft wird er die Kraft des Gebetes erkennen aus der tiefen Urweisheit heraus, aus welcher das Gebet geflossen ist.«[125]

So werden durch die »geisteswissenschaftliche Weltanschauung«[126] aus naiv betenden Menschen bewußt meditierende Menschen, die in klarer Erkenntnis ihrer künftigen Entwicklungsstufen ihren Weg durch die vor ihnen liegenden Inkarnationen gehen. »Und wie sich das Licht in sieben Farben, der Grundton in sieben Tönen in der Welt zum Ausdruck bringt, so bringt sich das siebenartig sich zu seinem Gotte erhebende Menschenleben in den sieben verschiedenen Erhebungsgefühlen, die sich auf siebengliedrige Natur des Menschen beziehen, in den sieben Bitten des Vaterunsers zum Ausdruck.«[127]

Das Ziel eines aus »geisteswissenschaftlicher Erkenntnis« heraus meditierend gesprochenen Gebetes liegt darin, daß es »unsere Entwicklung auf eine immer neue Stufe bringt«[128]. So vollzieht sich in der Bewegung des Gebetes, wie es die Anthroposophie als Meditationsübung versteht, die Grundbewegung der gesamten Menschheitsentwicklung – von unten nach oben, von der physischen Welt zur geistigen Welt.

Das Wesen des Gebetes, wie Jesus es seine Jünger lehrte, wird bei Steiner völlig negiert. Es verkommt zu einer esoterischen Meditationsübung – und verliert dabei seine vollmächtige Kraft! Lädt Jesus seine Jünger nicht ausdrücklich ein: »Wenn zwei unter euch eins werden auf Erden, worum sie bitten wollen, so soll es ihnen widerfahren von meinem Vater im Himmel« (Matthäus 18,19)?

Pfingsten

Die Geschichte der christlichen Kirche als einer historisch wirksamen Größe beginnt mit der Ausgießung des Heiligen Geistes über die Urgemeinde in Jerusalem zu Pfingsten. Durch den Heiligen Geist bekamen die Jünger die Vollmacht und die Weisheit, die »großen Taten Gottes« (Apg. 2,4+11), die in der Geschichte Jesu Christi geschehen waren, vor allen Menschen offen zu bezeugen und sie in die Nachfolge Jesu Christi zu rufen.

Es ist selbstverständlich, daß für Steiner, den Geisteswissenschaftler, Pfingsten als das »Fest des Geistes« eine außerordentlich wichtige Bedeutung hat. Er beschreibt aus seiner »geisteswissenschaftlichen Forschung« heraus sehr ausführlich, was sich damals an Pfingsten ereignete: »Versammelt sind die Bekenner des Christus, versammelt die, welche ihn zuerst verstanden haben. Tief fühlen sie den gewaltigen Impuls, der durch ihn eingezogen ist in die Menschheitsentwicklung, und erwartungsvoll harrt ihre Seele nach der Verheißung, die ihnen geworden ist, der Ereignisse, die sich in diesen Seelen selbst vollziehen sollen. Versammelt sind sie mit tiefer Inbrunst, diese ersten Bekenner und Versteher des Christus-Impulses, an dem Tage des in ihren Gegenden altehrwürdigen Pfingstfestes. *Und erhoben werden ihre Seelen zu höherer Anschauung,* gerufen werden sie gleichsam durch das, was uns dargestellt wird als ›gewaltiges Brausen‹, um ihr *Betrachtungsvermögen nach dem hinzulenken, was da werden soll, was ihnen bevorsteht, wenn sie in immer neuen Wiederverkörperungen mit dem Feuerimpuls, den sie in ihren Herzen empfangen haben, auf dieser unserer Erde leben werden.* Und hingemalt wird vor unsere Seele das Bild der ›feurigen Zungen‹, die sich niederlassen auf das Haupt eines jeglichen Bekenners, und *eine gewaltige Vision sagt den Teilnehmenden, wie die Zukunft dieses Impulses sein wird.* Denn die also Versammelten und die geistige Welt im Geiste schauenden ersten Versteher des Christus fühlen sich so, *als ob sie nicht sprechen würden zu denen, die in ihrer unmittelbaren Raumesnähe, in ihrer unmittelbaren Zeitnähe sind: sie fühlen ihre Herzen weit, weit hinausversetzt zu den verschiedensten Völkern des Erdkreises,* und sie fühlen, wie wenn in ihren Herzen etwas lebt, was übersetzbar ist in alle Sprachen, in das Verstehen der Herzen aller Menschen. *Wie umringt fühlen sich die ersten Bekenner in dieser gewaltigen Vision, die ihnen aufgeht von der Zukunft des Christentums, wie umringt von den zukünftigen Verstehern aus allen Völkern der Erde* . . . Das war es, was als ein innerer Gefühls- und Gemütsinhalt sich ergab für die ersten Bekenner des Christentums am ersten christlichen Pfingstfeste.«[129] (Hervorhebungen durch E.K.)

Was versteht Steiner unter dem Geist, »der wohl auch genannt wird der Heilige Geist«? Er erklärt, daß in der vorchristlichen Zeit die Menschen noch kaum ein Zusammengehörigkeitsgefühl kannten, das ihnen sagte: »Du bist Mensch mit allen Menschen der Erde«[130]. Die Menschen empfanden statt dessen stark die beiden »Prinzipien«, »welche in unserer äußeren Menschlichkeit wirken: die Zugehörigkeit zum Volke und die Individualisierung als einzelner Mensch.«[131]

Als Träger und Vererber des »Prinzips«, das es den Menschen ermöglicht, seine Individualität zu entfalten, galt der Vater. Der Mutter hingegen wurde die Vererbung der Volkszugehörigkeit zugeschrieben. Warum? »Sie war erfüllt von dem Geist des Volkes und hat das allgemein volksmäßig Menschliche vererbt an ihr Kind . . . Von der Mutter sprach man, daß in ihr der Geist des Volkes wohne. Und in diesem Zusammenhange sprach man vorzugsweise von dem Geist, der seine Kräfte heruntersendet aus den geistigen Reichen in die Menschheit, indem er auf dem Umwege durch die Mütter in die physische Welt seine Kräfte hineinströmen läßt in die Menschheit.«[132]

So prägte der Geist vor der Erscheinung des Christus die einzelnen Völker und gab ihnen ihre charakteristischen Eigenschaften. Mit der Erscheinung des Christus ereignet sich etwas völlig Neues, das den Menschen in seinem Bewußtsein über seine bisher bestimmende Volkszugehörigkeit hinauswachsen läßt: »Nun war aber durch den Christus-Impuls eine neue Anschauung gekommen, eine Anschauung, daß dieser Geist, von dem man früher gesprochen hat, dieser *Volksgeist abgelöst werden sollte* von einem ihm zwar verwandten, aber viel höher wirkenden Geist, von einem solchen Geiste, der sich *verhält zu der ganzen Menschheit, wie sich der alte Geist verhalten hat zu den einzelnen Völkern.* Dieser Geist sollte der Menschheit mitgeteilt werden und sie erfüllen mit der inneren Kraft, die da sagt: Ich fühle mich nicht mehr bloß angehörig einem Teile der Menschheit, sondern der ganzen Menschheit; ich bin ein Glied der ganzen Menschheit, und werde immer mehr ein Glied dieser ganzen Menschheit sein! – *Diese Kraft, die also ausgoß das allgemein Menschliche über die ganze Menschheit, schrieb man dem Heiligen Geist zu. So erhöhte sich der Geist,* der sich aussprach in der Kraft, welche vom Volksgeist in die Mütter floß, *vom Geist zum Heiligen Geist* (Hervorhebungen durch E.K.).«[133]

In diesem Sinn wird deutlich, was nach anthroposophischer Erkenntnis die »Kraft des Heiligen Geistes«, von der im Neuen Testament die Rede ist, bedeutet: »Es ist die Kraft, welche den Menschen immer mehr und mehr erheben soll *von allem,* was ihn differenziert und absondert, *zu dem,* was ihn zu einem Glied der ganzen, die Erde erfüllenden Menschheit macht, was als *Seelenband* (Hervorhebungen durch E.K.) wirkt von einer jeglichen Seele zu einer jeden anderen Seele, ganz gleichgültig, in welchem Leibe sie wohnt.«[134]

Der Heilige Geist wirkt nach Steiner jedoch nicht nur in dem Sinn, daß er dem einzelnen Menschen das Bewußtsein gibt, Glied der umfassenden Menschheit zu sein, sondern durch sein Wirken wird sich der einzelne Mensch auch seiner Freiheit und Individualität erst recht bewußt. Das Symbol für diese geistige Tatsache sieht Steiner im Bild der feurigen Zungen, die sich auf den einzelnen Jünger niederließen. »Dieser Heilige Geist ist für uns Menschen in bezug auf unsere Zukunftsentwicklung der Geist der Entwicklung zum freien Menschen, zur freien Menschenseele.«[135]

Hier liegt für Steiner der eigentliche Wert des Pfingstereignisses: »Der wahre Geist, in dem wir uns finden können, ist der allgemeine Menschengeist, den wir als die in uns pfingstlich einziehende Kraft des Heiligen Geistes erkennen, den wir in uns selber gebären müssen, zur Erscheinung kommen lassen müssen. So verwandelt sich für uns das Pfingstsymbol in unser gewaltigstes Ideal der freien Entwicklung der Menschenseele zu einer in sich geschlossenen freien Individualität.«[136]

Diese neu gewonnene, freie Individualität des einzelnen Menschen würde jedoch völlig mißverstanden, wenn sie zu einer weiteren Zersplitterung der Menschheit führen würde. Gerade der Zersplitterung der Menschheit in völlig voneinander losgelöste Individuen soll ja das Pfingstereignis entgegenwirken. Wie ist dieses scheinbare Paradox bei Steiner zu verstehen?

Steiner geht zur Erklärung dieses Gedankengangs in die Welt der »Naturwesenheiten«[137] zurück. Er stellt fest, daß »Gnomen, Undinen, Sylphen und Salamander«[138] keine Märchengestalten sind, sondern wirkliche, reale »Naturwesenheiten«, die in unserer natürlichen Welt leben und wirken. Diese »Wesenheiten« haben besondere Aufgaben dort, wo verschiedene Naturbereiche sich berühren. »Wo der Stein die Quelle berührt, da verkörpern sich die Wesen, die an das Element des Wassers gebunden sind: die Undinen. Da, wo Tier und Pflanzen sich berühren, wirken die Sylphen. Die Sylphen sind gebunden an das Element der Luft, sie leiten die Bienen zu den Blüten.«[139]

Ähnlich, wie die Sylphen die Bienen anleiten, damit sie die rechten Blüten finden und an ihnen saugen, verhält es sich mit den Gnomen in bezug auf den Bergmann: »Wo Metall an den Stein sich anschmiegt im Innern der Erde, da sieht der Seher, wenn der Bergmann das Erdreich abhackt, an verschiedenen Stellen merkwürdige Wesen wie zusammengekauert beieinanderhocken, in einem ganz kleinen Raum. Sie stieben, sie sprühen auseinander, wenn die Erde entfernt wird. Es sind merkwürdige Wesenheiten, die z.B. in gewisser Beziehung dem Menschen ganz und gar nicht unähnlich sind. Sie haben zwar keinen physischen Leib, aber sie haben Verstand ... Gnomen heißen diese Wesenheiten, und zahlreiche Arten von ihnen beherbergt die Erde, und sie sind da zu Hause, wo sich der Stein mit dem Metall berührt ... Wenn man nicht mit den geistigen Wesenheiten arbeiten will und sich nur auf das Sinnliche verläßt, dann gerät man in eine Sackgasse. Von diesen geistigen Wesenheiten muß man ein gewisses Verfahren lernen, um die Erde zu erforschen.«[140]

Ähnlich verhält es sich mit den salamandrischen Wesenheiten: »Die Salamander kennen die Menschen heutzutage auch, denn wenn einer sagt: Es strömt mir etwas zu, ich weiß nicht woher –, so ist das meistens die Wirkung der Salamander. Wenn der Mensch zu den Tieren in intime Verbindung tritt, wie der Schäfer zu seinen Schafen, dann erhält er Erkenntnisse zugeraunt von Wesenheiten, die in seiner Umgebung leben. Dem Schäfer wurde zugeraunt sein Wissen, das er in bezug auf seine Schafherde hat, von den Salamandern in seiner Umgebung. Diese alten Erkenntnisse sind heutzutage geschwunden und müssen nun durch wohlgeprüfte okkulte Erkenntnisse wieder gewonnen werden.«[141]

Wie entstehen nun solche »Naturwesenheiten« und woher bekommen sie ihre besonderen Aufgaben, die sie innerhalb der natürlichen Welt zu erfüllen haben?

Steiner beschreibt, daß die Tiere aus »geisteswissenschaftlicher Schau« kein individuelles Ich haben wie die Menschen, sondern ein »Gruppen-Ich, eine Gruppenseele. Was heißt das? Eine Gruppe gleichgearteter, gleichgestalteter Tiere hat ein gemeinsames Ich; z. B. alle einzelnen Löwen haben ein gemeinsames Ich, alle Tiger, alle Hechte. Tiere haben ihr Ich in der Astralwelt.«[142] Das einzelne Tier ist ein Glied an dieser »Gruppenseele«. Stirbt nun ein Tier, so fällt von der »Gruppenseele« etwas äußeres Physisches ab, und die Kräfte, die die »Gruppenseele« in das einzelne Tier hineingesandt hatte, kehren wieder zurück in die

»Gruppenseele«. »Daher kennt die Tiergruppenseele nicht Geburt und Tod. Das einzelne Tier ist etwas, was abfällt und anwächst; die Gruppenseele bleibt unberührt von Leben und Tod.«[143]

Nach Steiner hatte die Menschheit in früheren Entwicklungsstadien auch eine »Gruppenseele«, und erst allmählich entwickelte sich die Individualseele des einzelnen Menschen. In dem Maße, wie die einzelne Menschenseele sich ausbildete, verlor der Mensch seinen Kontakt zur geistigen Welt, und die physische Welt wurde für ihn immer mehr seine eigentliche Heimat; »oben in der geistigen Welt wurde es immer dunkler, unten in der physischen Welt immer heller«[144]. Steiner legt den Beginn dieser Entwicklung in die Zeit der »atlantischen Epoche«.

Nun kann es in der Tierwelt geschehen, daß beim Tod eines einzelnen Tieres der Teil der »Gruppenseele«, der das einzelne Tier belebte, nicht mehr in die »Gruppenseele« der gesamten Art zurückkehrt. »Es gibt einzelne Tiere, die reißen etwas ab von der Gruppenseele, das kann dann nicht wieder zurück. Wenn der Affe stirbt, geht der wesentliche Teil zurück, aber es schnürt sich ein Teil der Gruppenseele ab. Der Affe macht gleichsam zu fest, was vorgestreckt wird, und wenn er stirbt, schnürt sich ein Teil der Gruppenseele ab, so daß ein Stück von ihr gewissermaßen herausbricht, von ihr abreißt und nicht wieder zurück kann. So entstehen Abschnürungen von der Gruppenseele. Bei allen Affenarten entstehen Abschnürungen der Gruppenseele. Ähnliches haben wir bei gewissen Amphibien, bei gewissen Vogelarten, besonders deutlich auch beim Känguruh. Durch diese Abschnürungen bleibt etwas zurück von der Gruppenseele, und dasjenige, was von warmblütigen Tieren auf diese Art zurückbleibt, wird ein *Elementarwesen, ein Naturgeist – der Salamander* (Hervorhebungen durch E.K.). Diese Elementarwesen, diese Naturgeister sind also gleichsam Abfälle, Abfallprodukte höherer Welten, die in Dienst genommen werden von höheren

Wesenheiten. Sie würden, sich selbst überlassen, den Kosmos stören.«[145]

In einer ähnlichen Gefahr stehen die Menschen. »Erst war eine Menschengruppenseele da. Dann wurde die Menschheit in der Vergangenheit entlassen aus der Gruppenseele.«[146] Seither geht die Menschheit in Richtung einer zunehmenden Individualisierung: »Alles im Menschen geht immer mehr darauf hinaus, ein individueller Mensch zu werden.«[147] Aber die Gefahr liegt gerade darin, daß die Menschen ihre Individualität als etwas begreifen, das sie den Zusammenhang mit anderen Menschen verlieren läßt. »Jetzt halten die Menschen auch schon geistige Zusammenschlüsse nicht mehr aus. Heute gehen wir so weit, daß jeder seine eigene Religion hat und seine eigene Meinung als höchstes Ideal hinstellt.«[148] Ginge die Entwicklung des Menschen immer weiter in diese negative Richtung, *»so würde der Mensch in ein Elementarwesen übergehen«*[149] (Hervorhebung durch E.K.).

Dank des Pfingstereignisses nahm die Entwicklung der Menschheit eine andere Richtung.

»Wenn sich Menschen vereinigen in einer höheren Weisheit, dann steigt aus höheren Welten *wieder eine Gruppenseele herab* (Hervorhebung durch E.K.) . . . Wo die gemeinschaftliche Wahrheit die verschiedenen Iche verbindet, da geben wir der höheren Gruppenseele Gelegenheit zum Herabstieg . . . Wir bilden gewissermaßen das Bett, die Umgebung, in der sich die Gruppenseele verkörpern kann. Die Menschen werden das Erdenleben bereichern, indem sie etwas entwickeln, was aus höheren Welten geistige Wesenheiten herniedersteigen läßt. *Das ist das Ziel der geisteswissenschaftlichen Bewegung«*[150] (Hervorhebung durch E.K.).

Dieses Ereignis fand zum ersten Mal am Pfingsttag in Jerusalem statt. Hier erlebten freie Individuen ihre neue Einheit in der Gruppenseele und wiesen damit der Menschheit ihren Weg für die künftige Entwicklung: »Dieses Wahrzeichen ist uns hingestellt in der Pfingstgemeinde, als gemeinsame Empfindung inbrünstiger Liebe und Hingabe eine Anzahl Menschen durchglühten, die sich zu gemeinsamer Tat versammelt hatten. Da ist eine Anzahl von Menschen, deren Seelen noch nachbeben von dem erschütternden Ereignis, so daß in allen das gleiche lebte. In dem Zusammenströmen dieses einen gleichen Gefühles lieferten sie das, worin sich ein höheres, eine gemeinsame Seele verkörpern konnte. Das wird ausgedrückt mit jenen Worten, die besagen, daß der *Heilige Geist, die Gruppenseele,* sich herniederließ und sich zerteilte wie feurige Zungen. *Das ist das große Symbolum für die Menschheit der Zukunft«*[151] (Hervorhebungen durch E.K.).

Um das Pfingstfest aber nach Steiner »in wahrhaft christlichem Sinne« verstehen zu können, muß man noch einen Schritt weitergehen. Steiner legt großen Wert darauf, daß Pfingsten als Wirkung des Christus-Impulses eine fortdauernde Bewegung innerhalb der Menschheit ausgelöst hat. »Die ersten Versteher des Christus fühlten sich durch das Pfingstereignis berufen, zu verkündigen, was in ihrer eigenen Seele war, was sich ihnen offenbarte in ihren Offenbarungen und Inspirationen der eigenen Seele als der *Inhalt der Christus-Lehre* (Hervorhebung durch E.K.).«[152] Sie gingen los und verkündigten die »Botschaft des Christus«[153]. Welche Botschaft verkündigten sie? Was hatten sie zu sagen?

Hier unterscheidet sich das Verständnis des Pfingstereignisses, so wie Steiner es in seiner »geisteswissenschaftlichen Forschung« erkannt haben will, von dem Verständnis, das die christlichen Kirchen durch 2000 Jahre von diesem Fest bewahrt haben. Schon beim ersten Pfingsten in Jerusalem haben die Apostel, nach der Schau Steiners, nicht nur das verkündigt, was Jesus Christus gesagt und gelehrt hatte, sondern sie erkannten auch »als *Christus-Worte, was aus der Kraft einer Seele kommt, die den Christus-Impuls in sich fühlt«*[154].

Auf diese Weise geht die Offenbarung des Christus durch die Entwicklung der Menschheit weiter. Ein Christus-Wort kann durch den »Christus-Impuls« auch heute in einem Menschen wirksam und von ihm verkündigt werden. Ja, das muß sogar so geschehen, weil die Menschen sich durch die Inkarnationen, die sie schon durchlaufen haben, verändert haben und sich noch weiter verändern werden. Es ist – so Steiner – eine Folge des an Pfingsten ausgegossenen Heiligen Geistes, daß die Menschheit durch den in ihr wirkenden »Christus-Impuls« ständig neue Offenbarungen von dem Christus selbst empfängt.

»Nicht, damit wir *festhalten an den wenigen Worten der Evangelien,* die in dem ersten Jahrzehnt der Begründung des Christentums gesprochen worden sind, ist der Heilige Geist herniedergegossen worden, sondern darum ist er ergossen worden, daß *immer Neues und Neues die Botschaft des Christus* erzählen kann . . . So fassen wir die Kraft des Pfingstimpulses auf als etwas, was uns *ein Recht gibt, das Christentum als ein immer wachsendes anzusehen, das uns immer neue Offenbarungen gibt.* Wir, die wir uns bewußt sind, mit der heutigen Geisteswissenschaft die aus den *geistigen Chören zu uns dringenden Christus-Worte selber zu verkünden,* wir sagen denen, die das Christentum in seiner ursprünglichen Form konservieren wollen: *Wir sind diejenigen, welche den Christus in Wahrheit verstehen, denn wir verstehen den eigentlichen Sinn des Pfingstfestes«*[155] (Hervorhebungen durch E.K.).

Die Notwendigkeit immer neuer Offenbarungen ergibt sich für Steiner aus dem sich ständig weiterentwickelnden Bewußtsein, das die Menschheit mit jeder neuen Entwicklungsstufe erlangt. Eine Inkarnation allein reicht für den einzelnen Menschen nicht aus, um die Fülle der Weisheit, die mit dem Christus in die Welt gekommen ist, zu erfassen. »Der Umfang der christlichen Weisheit ist ein unendlicher, aber die Aufnahmefähigkeit der Menschen für diese Weisheit war zunächst eine beschränkte, aber sie wird immer vollkommener und reifer werden.«[156]

Die Wahrheit des Christentums entfaltet sich so Schritt für Schritt auf dem Weg der fortschreitenden Vergeistigung der Menschheit. Wahrheiten, die frühere Jahrhunderte der Christenheit nicht aufnehmen konnten, können heute offen ausgesprochen – und verstanden! – werden. Zwar gilt für Steiner: »Das wenigste von dem, was der Christus-Impuls enthält, ist heute schon verstanden«[157], aber er kann dennoch betonen, »was in der heutigen Epoche als eine christliche Wahrheit verkündet werden kann: die Wiederverkörperung des Menschen oder die Reinkarnation«. Dies erkennt die anthroposophische »Geistesforschung«, weil sie weiß, »daß heute der lebendige Christus aus den geistigen Welten heraus der *lebendige Lehrer der Reinkarnation ist«*[158] (Hervorhebung durch E.K.).

Weil Christus selber seine Christenheit mit der »Lehre der Reinkarnation« befruchtet, ist die Reinkarnationslehre der Anthroposophie weit vom Verständnis der Reinkarnation im Buddhismus entfernt. Der Buddhist will aus dem Kreislauf der Reinkarnation heraus. Er sucht den Weg der Befreiung von der ständigen Wiederkehr auf die Erde.

Steiner lehrt das Gegenteil: »Durchdringt den Buddhismus – oder was in ihm die wahre Lehre der Reinkarnation ist – mit dem Christus-Impuls, und ihr habt *ein neues Element, das der Erde einen neuen Sinn gibt in der Menschheitsentwicklung ... das richtige Verständnis des christlichen Pfingstgedankens gibt uns die Möglichkeit, das Zusammenfließen dieser zwei größten Religionen zu rechtfertigen«*[159] (Hervorhebung durch E.K.).

Dieses »richtige« Verständnis des christlichen Pfingstgedankens muß der Menschheit durch die Anthroposophie vermittelt werden. Lehnen die Menschen den von ihr gewiesenen Weg der Erkenntnis ab, so verlieren sie nicht nur einen wesentlichen Kultur-Impuls, sondern sie verlieren den Christus selber. »Wenn die Menschen in dieser Zeit sich nicht zur geistigen Erkenntnis wenden, dann geht der Christus verloren.«[160]

Entschließen sich die Menschen jedoch, sich auf den Weg zu begeben, den Steiner in seiner anthrophosophischen »Geisteswissenschaft« gewiesen hat, dann kann sich in der Menschheit endlich das verwirklichen, was sie so notwendig braucht: »Lassen Sie unseren Weg zum Geistigen durch Anthroposophie zugleich sein den Weg zur Christus durch den Geist! ... Dann wird dasjenige kommen, was die Menschheit so sehr zu einer Gesundung, zu einer Heilung braucht. Dann wird zu einem neuen Menschenverständnis der heilende Geist sprechen, der die Krankheit der Seelen der Menschen heilende Geist, den Christus gesandt hat. Dann wird kommen, was die Menschheit braucht: *Welten-Pfingsten!*«[161]

4. Die Anthroposophie – eine Religion?

Die religiösen Menschheitsfragen

Wenn wir uns der Frage zuwenden, ob die Anthroposophie eine Religion ist oder nicht, so berühren wir einen ganz heiklen Punkt im Gespräch der anthroposophischen Bewegung mit den Kirchen. Rudolf Steiner fühlte sich stets mißverstanden, wenn ihn Zeitgenossen als den Begründer einer neuen Religionsgemeinschaft bezeichneten. Und noch heute weisen die Vertreter der anthroposophischen Bewegung den Vorwurf, eine neue Religion zu lehren, streng zurück und verweisen darauf, daß die Anthroposophie eine Wissenschaft sei, die nach bestimmten Gesetzmäßigkeiten vorgehe und nichts mit religiösem Überschwang zu tun habe. Wohl wirke die anthroposophische »Geisteswissenschaft« befruchtend auf religiösem Gebiet, sie selbst aber sei keine Form der Religion. Um sich sachgemäß Klarheit über die Frage verschaffen zu können, ob die Anthroposophie eine Religion sei, muß man zuerst klarstellen, was Religion ist.

Ausgehend vom Wortsinn – lateinisch: religio – bedeutet Religion zunächst Rückbindung des Menschen an seinen göttlichen Ursprung. Ein Mensch lebt also durch religiöse Praktiken, Kulte und Liturgien seine Verbindung mit dem ihn tragenden göttlichen Urgrund. Was bedeutet dies aber konkret? Ich möchte es an den fünf alten Menschheitsfragen deutlich machen, die alle Religionen und alle Philosophien durchziehen:

- Die Frage nach dem Sinn oder: Wozu lebt der Mensch?
- Die Frage nach der Schuld oder: Wo kommt das Böse her?
- Die Frage nach dem Leid oder: Wie gehe ich mit dem Leid um?
- Die Frage nach dem Tod oder: Was kommt danach?

– Die Frage nach Gott oder: Gibt es ein ewiges Du?

Diese Fragen tauchen in allen Kulturen auf. Ich möchte sie als »Muß-Fragen« bezeichnen; kein Mensch kann sich ihnen entziehen. Die Antwort, die der Mensch auf diese Fragen gibt, ist seine Religion.

Es ist eine religiöse Aussage, wenn ein Mensch den Sinn seines eigenen Lebens beschreibt, das hineinverwoben ist in die größere Sinnbestimmung der gesamten Menschheit.

Wer für sein eigenes Leben keinen Sinn angeben kann, wer sagt: »Es ist alles nichts, es ist sinn- und bedeutungslos«, der gibt Auskunft über seine Religion.

Wer die Schuld in seinem eigenen Leben nur bei den Eltern, den Erziehern, den gesellschaftlichen Umständen oder in der eigenen psychischen Grundbestimmung sieht, der macht damit eine Aussage über seinen religiösen Glauben.

Wer in ungünstigen Sternkonstellationen oder in einem blindwütigen Schicksal die Ursache für das Leid im Leben eines Menschen sieht, der gibt damit Auskunft über seine Religion.

Wer im Tod nur den dunklen Endpunkt des eigenen Lebens erkennen kann, der sagt nicht weniger über seine Religion aus als ein Mensch, für den der Tod der Durchgang ist zum ewigen Leben bei seinem Gott. Auch die Aussage: »Mit dem Tod ist alles aus«, ist religiös.

Wer der Überzeugung ist, daß wir Menschen allein und verlassen, ganz auf uns selbst gestellt, auf unserem Planeten durch das Weltall rasen ohne ein göttliches Gegenüber, ohne einen Willen, der der Menschheit ein Ziel gibt, der sagt damit sehr viel über seine Religion aus.

Christliche Antworten auf die Menschheitsfragen

Für den christlichen Glauben liegen die Antworten auf diese fünf Menschheitsfragen in der Person Jesu Christi begründet. In seinem Leben und Sterben und in seiner Auferstehung liegen die gültigen Antworten auf diese Fragen.

Der Sinn meines persönlichen Lebens ist in der Nachfolge Jesu Christi begründet. In der Begegnung mit ihm findet mein persönliches Leben seine Erfüllung. Er setzt das Ziel meines Lebens fest. Alle Höhen und Tiefen meines Lebens bekommen ihren Sinn von dem Ziel her, zu dem Jesus Christus mich führen will. Selbst wenn mein Leben äußerlich scheitern sollte, so ist es doch nicht sinnlos und vergeblich gewesen.

Die Antwort auf die Schuldfrage in meinem Leben finde ich im Leiden und Sterben Jesu Christi für mich. Meine Schuld wurde von ihm ans Kreuz getragen, damit sie mich nicht mehr anklage und belaste. Der Prophet Jesaja sagte es so: »Die Strafe liegt auf ihm, auf daß wir Frieden hätten, und durch seine Wunden sind wir geheilt« (Jesaja 53,5). Indem Jesus Christus mich von meiner Schuld befreit, werde ich frei, um anderen Menschen ihre Schuld zu vergeben.

Aus der Passion Jesu Christi empfängt der Gläubige die Kraft, sein eigenes Leid anzunehmen; biblisch gesprochen, »sein Kreuz zu tragen« (Markus 8,34).

Im Gleichnis vom »barmherzigen Samariter« (Lukas 10) weist Jesus Christus seine Jünger an die leidenden Menschen, die ihnen auf ihrem Weg der Nachfolge begegnen. Die Jünger sollen sich des leidenden Nächsten annehmen und sich um ihn kümmern.

So findet der Christ im Glauben an Jesus Christus die Kraft, sein eigenes Leid anzunehmen und zu tragen – und er empfängt die Kraft und die Liebe, um dem leidenden Nächsten helfend zu dienen.

Der Sieg über den Tod (vgl. 1. Korinther 15,20–28+50–57) gehört zu den ältesten Bekenntnissen der Christenheit.

Daß Jesus Christus durch seine Auferstehung dem Tod seine endgültige Macht genommen hat, gab schon den ersten Märtyrern die Kraft, sich um ihres Glaubens willen töten zu lassen. Der Christ erwartet hinter der Todesgrenze keine dunkle Nacht, sondern die liebende und stärkende Gegenwart des auferstandenen Jesus Christus.

Im »Vaterunser« (Matthäus 6,9–13) ermutigt uns Jesus Christus, den ewigen Gott, den Schöpfer des Himmels und der Erde, als unseren Vater anzureden, der uns wie seine Kinder liebt. Für den christlichen Glauben ist das Gebet kein Selbstgespräch, kein Hineinhören in die eigene Seele, keine Meditation, sondern ein Reden mit einem ewigen, uns liebenden Gegenüber. Wir reden als Christen im Gebet nicht mit uns selbst, sondern mit dem liebenden Du des Vaters.

Die Antworten, die ich hier aus christlichem Leben heraus kurz und knapp formuliert habe, sind Glaubensaussagen. Ich kann sie nicht auf dem Weg wissenschaftlicher Beweisführung nachweisen. Nur indem ich den Weg der Nachfolge gehe, erfahre ich die Wahrheit der biblischen Aussagen über Jesus Christus; nur auf dem Weg der Nachfolge kann ich es erleben, wie sein Geist mich führt und leitet, tröstet und aufrichtet, bewahrt und zurechtweist. Paulus drückt es im achten Kapitel seines Römerbriefes so aus: »Der Geist gibt Zeugnis unserm Geist, daß wir Gottes Kinder sind« (Vers 16).

Der religiöse Charakter anthroposophischer Aussagen

Wir haben in der Betrachtung der anthroposophischen »geisteswissenschaftlichen Methode« und ihrer Ergebnisse gesehen, daß die Ergebnisse in hohem Maße vom moralischen »Fortschritt« des geistig-forschenden Menschen abhängen. Dennoch behaupten die Anthroposophen, daß die

»geisteswissenschaftlichen« Erkenntnisse in derselben Exaktheit und Objektivität gewonnen werden können wie die naturwissenschaftlichen Erkenntnisse in der physischen Welt. Nun ist es aber gerade ein Kennzeichen naturwissenschaftlicher Erkenntnisse, daß sie unabhängig von der Person des Forschenden entstehen. Die moralische Haltung des Forschenden darf keinen Einfluß auf den Ausgang des jeweiligen Experimentes haben. Die innere Logik einer Untersuchung darf nicht tangiert werden durch den Charakter des Forschenden. Wenn Fränkl-Lundborg dennoch behauptet: »Nur für die Anthroposophie, für keine andere Wissenschaft ist moralisches Verhalten ein Teil ihrer Methode«[1], so zeigt er damit nur auf, daß die Anthroposophie keine Wissenschaft ist. Ihr hoher Anspruch, in geistigen Welten mit derselben Exaktheit und Objektivität forschen zu können, wie die Naturwissenschaft es in der Welt der Sinne tut, erweist sich als eine religiöse Aussage. Die Aussagen der anthroposophischen »Geistesforschung« über geistige Wahrheiten sind nach meiner Überzeugung unter religiösem Aspekt zu sehen.

Wie antwortet die Anthroposophie auf die fünf Menschheitsfragen nach dem Sinn, der Schuld, dem Leid, dem Tod und nach Gott?

Zunächst zur Frage nach dem *Tod*:

Es ist eine religiöse Aussage, wenn Rudolf Steiner in seinem Vortragszyklus über das Johannesevangelium den Tod als eine Wohltat beschreibt, die das Menschen-Ich immer wieder aus den Verstrickungen in der physischen Welt heraushole und zu ihrem göttlichen Ursprung zurückführe. Gäbe es nicht den Tod, »der Mensch würde sich eingliedern in den physischen Leib und für ewig seinen göttlich-geistigen Ursprung vergessen«[2]. »So ist der Tod der wohltätige Entreißer aus einem Dasein, das den Menschen ganz herausführen würde aus der göttlich-geistigen Welt«[3]. Diese Deutung des Todes ist innerhalb des anthroposophischen Gedankengebäudes stimmig.

Eng mit der Deutung des Todes ist auch die Frage nach dem Warum der physischen Existenz des Menschen verbunden. »Nur in der physisch-sinnlichen Welt war es dem Menschen möglich, sein Selbstbewußtsein, seine menschliche »Ichheit« zu erringen.« Im Ineinander von irdischer Existenz und von Sterben liegt der Sinn für die Ausbildung der »Ichheit« des Menschen. »Würde er durch den Tod immer gehen müssen, ohne etwas mitnehmen zu können aus diesem Reich des Todes, dann würde er zwar in die göttlich-geistige Welt wieder zurückgehen können, aber unbewußt, ohne Ichheit. Er muß mit seiner Ichheit in die göttlich-geistige Welt hineingehen. Er muß daher das irdische Reich, dem ganz der Tod einverwoben ist, befruchten können so, daß der Tod der Same wird für eine Ichheit im Ewigen, im Geistigen.«[4]

Auch die anthroposophischen Antworten auf die Fragen nach dem *Leid* und nach der *Schuld* des Menschen sind religiöse Aussagen. Sicher hat Fränkl-Lundborg recht, wenn er betont: »Wir tragen als tiefe Sehnsucht in uns, den Verlauf des Schicksals als gerecht ansehen zu können«[5]. Diese tiefe Sehnsucht ist eine anthropologische Grundkonstante. Um sie einsehen zu können, braucht man keine »geisteswissenschaftlichen« Erkenntnisse. Die Antworten jedoch, die aus der Lehre von Reinkarnation und Karma auf die Frage nach dem menschlichen Leid und nach der menschlichen Schuld gegeben werden, sind in höchstem Maße religiös und keinesfalls wissenschaftlich. Wenn die Folgen meines Tuns in diesem Leben Auswirkungen haben in spätere Inkarnationen hinein, wenn meine Unterlassungen in dieser Inkarnation zu Folgen führen, die ich in späteren Inkarnationen zu tragen habe, so mag dies eine gültige Antwort im Rahmen anthroposophischer Welterkenntnis sein, aber diese Antwort ist Ausdruck eines religiösen Glaubens und nicht einer wissenschaftlichen Erkenntnis. Die harten Aussagen Rudolf Steiners: »So kann man sagen, daß den Menschen im Leben nichts treffen kann, wozu er nicht selbst die Bedingungen geschaffen hat«[6] oder: »Diese Taten sind also die wirkliche Ursache, warum ich in bestimmte Verhältnisse hineingeboren werde«[7], sind religiöse Aussagen.

Ich habe große Achtung vor mir bekannten Anthroposophen, die in ihrem persönlichen Leben großes Leid zu tragen haben, und die dieses Leid als unmittelbare Folge aus Schicksalsverknüpfungen in vorherigen Inkarnationen deuten. Die Deutung des Leids als Folge persönlichen, moralischen Versagens in vorherigen Inkarnationen ist für diese Menschen eine Hilfe in der Bewältigung ihres persönlichen Lebensschicksals, aber eben dadurch, daß sie diese Deutung existentiell in ihrem Leben nachvollziehen, wird deutlich, daß es sich um eine religiöse Grundhaltung handelt, die jeder wissenschaftlichen Begründung entbehrt – und ihrer auch gar nicht bedarf.

Aus dem Zusammenspiel von Reinkarnation und Karma ergibt sich schließlich für Rudolf Steiner die Antwort auf die Frage nach dem *Sinn* des jeweils einzelnen Menschenlebens und der gesamten Menschheit: »Eine Höherentwicklung des Menschengeistes bedeutet sein Fortschreiten durch immer neue Verkörperungen. Diese Höherentwicklung kommt dadurch zum Ausdruck, daß die Welt, in der des Geistes Verkörperungen stattfinden, von diesem immer mehr durchschaut wird.«[8] Hier mündet die »geisteswissenschaftliche« Erkenntnis in religiöse Spekulation. Der Maßstab für die Höherentwicklung der Menschheit ist nach Rudolf Steiner die immer fortschreitende Vergeistigung, die klare geistige Durchdringung der Vergangenheit des Menschen und die helle, klare »Schau« in die zukünftigen Entwicklungsstadien menschlicher Existenz. Die Kategorien dafür, was niedriger und was höher ist, setzt er selbst. Dabei kommt der anthroposophischen »Geisteswissenschaft« natürlich eine entscheidende Bedeutung zu. Sie ist sozusagen die Trägerin künftigen Menschheitsbewußtseins, die Vorhut der Geschichte: »Die

Geisteswissenschaft ist der Menschheit notwendig zu ihrem ferneren Fortschritt. Das, was geschehen soll zur Umwandlung der Menschheit, muß durch die Menschen selbst herbeigeführt werden. Wer in der jetzigen Inkarnation die Wahrheit aufnimmt, der wird sich in späteren Inkarnationen die äußere Gestalt für die tieferen Wahrheiten selbst ausgestalten.« Die Geisteswissenschaft »ist das Instrument, das schaffend für die Zukunftskultur sein soll«[9].

Es klingt geradezu missionarisch, wenn Rudolf Steiner sagt: »Die Menschheit braucht jetzt die okkulte Entwicklung, und sie muß ihr eingeimpft werden. Ein ernstes, wahres, von Ding zu Ding gehendes Wahrheitsstreben, das allein führt zu wahrer Brüderlichkeit, das ist der größte Einigungszauberer der Menschheit.«[10] Hier wird ein Sendungsbewußtsein deutlich, von dem viele Anthroposophen durchdrungen sind, und welches von Außenstehenden oft als Überheblichkeit empfunden wird.

Rudolf Steiner verfällt auch in eine religiöse Sprache, wenn er die Zukunftssendung seiner »Geisteswissenschaft« beschreibt: »Das soll als Mittel dienen, das große Endziel der Menschheit, die Einheit, herbeizuführen, und dieses Ziel werden wir erreichen, wenn wir die Mittel dazu in uns ausbilden, wenn wir suchen, in der edelsten und schönsten Weise diese Mittel uns zu erarbeiten, denn es kommt an auf die Heiligung der Menschheit durch diese Mittel. So erscheint uns die Geisteswissenschaft nicht nur als ein großes Ideal, sondern als eine Kraft, mit der wir uns durchdringen, und aus dieser Kraft quillt uns die Erkenntnis. Die Geisteswissenschaft wird immer mehr eine populäre Angelegenheit werden, sie wird immer mehr alle religiösen und praktischen Seiten des Lebens durchdringen, ebenso wie das große Gesetz des Daseins alle Wesen durchdringt; sie ist ein Faktor in der Menschheitsentwicklung.»[11] Das ist nicht die Sprache eines nüchtern wissenschaftlich arbeitenden Menschen, sondern eines Mannes, der von seiner Sendung in einer religiös zu nennenden Weise durchdrungen ist.

Wer hat ihn damit beauftragt, das Mittel zur »Heiligung der Menschheit« zu bringen? Handelt er in dem Bewußtsein, den Missionsauftrag, den Jesus Christus seinen Jüngern gegeben hat, zu erfüllen? Der Auftrag Jesu Christi lautet: »Gehet hin und machet zu Jüngern alle Völker: Taufet sie auf den Namen des Vaters und des Sohnes und des Heiligen Geistes und lehret sie halten alles, was ich euch befohlen habe!« (Matthäus 28,19–20). In der Erfüllung dieses Auftrags liegt nach dem Zeugnis des Neuen Testaments das Mittel zur »Heiligung der Menschheit«. Jesus Christus hat seinen Jüngern keinen Auftrag zur Erforschung höherer Welten gegeben, er hat nichts davon gesagt, daß seine Jünger kommende Generationen in die Geheimnisse »karmischer Zusammenhänge« einweisen sollen.

In der Erfüllung dieses Auftrags handelt Steiner also sicher nicht. In wessen Auftrag preist er seine Geisteswissenschaft dann als Mittel zur »Heiligung der Menschheit« an?

Hier stoßen wir auf die Frage nach der Gottesvorstellung, die Steiner als Ergebnis seines »geisteswissenschaftlichen« Forschens in Schriften und Vorträgen entfaltet. Vom Gott Abrahams, Isaaks und Jakobs, dem Schöpfer und Vollender der Welt, dem Vater Jesu Christi, spricht Steiner nicht. Das kann er auch nicht, da er sich ständig mit »geistigen Wahrheiten« aller Art konfrontiert sieht. »Engelwesen« und »Naturgeister« in unendlicher Vielfalt bevölkern seinen geistigen Kosmos, sie offenbaren die Vergangenheit und sie weisen in die Zukunft – nur der schöpferisch handelnde Gott, den die Heilige Schrift bezeugt, ist ihm unbekannt.

Es hat nichts mit »Dogmatismus« zu tun, wenn man deutlich ausspricht, daß Steiner in seinem großen Werk nicht von dem Gott redet, den die Bibel uns offenbart.

Daher kennt er auch kein personales Gegenüber, zu dem man vertrauend beten kann. Diese Art der Gottesbegegnung ist ihm unvorstellbar; sie erscheint ihm naiv.

Auch der Hinweis, daß Steiner aus ehrfürchtiger Scheu heraus das Wort Gott nur sehr selten gebraucht, ändert nichts an dem grundsätzlichen Unterschied, der zwischen seinen Vorstellungen »göttlicher Wesenheiten« und dem Gott des Alten und Neuen Testaments herrscht.

Dennoch sieht er sich gerade von diesen Mächten der geistigen Welt dazu beauftragt, die anthroposophische Geisteswissenschaft in dieser Zeit als das rettende Mittel zu bringen. Dieser Impuls treibt ihn, seine Erkenntnisse in vielen Büchern und Vorträgen auszubreiten. Die Zeit für diese Erkenntnisse sei reif – und das heißt auch: Das alte, biblische Gottesbild sei überwunden und trage nicht mehr; die Menschheit sei in ihrem Bewußtsein weitergegangen, sie brauche den Zugang zu neuen, »zeitgemäßen« religiösen Erkenntnissen.

Hier liegt auch der Grund dafür, daß die anthroposophische Weltanschauung mit Macht an die Öffentlichkeit treten muß, um die Menschen zu erreichen: »Jetzt ist aber die Zeit gekommen, in welcher für die menschliche Organisation die Notwendigkeit eintritt, den Wiederverkörperungsgedanken aufzunehmen, zu verstehen, sich mit ihm zu durchdringen.«[12] Im Zuge kommender Menschheitsentwicklungen wird der Geist des Menschen sich so verändern, daß er nicht nur die Erinnerungen aus vorherigen Inkarnationen klar schauen wird, sondern er wird auch in der Lage sein, die karmischen Auswirkungen seiner jetzigen Gedanken und Taten klar vor sich zu sehen. Diese Entwicklung wird aber nicht jeder verstehen, sondern nur der, der »die Lehren der anthroposophisch orientierten Geisteswissenschaft zu seinem Lebensinhalt gemacht hat«[13]. Wer sie noch nicht zu seinem Lebensinhalt gemacht hat, der »wird warten müssen, bis er an die Anthroposophie herankommt und es verstehen lernt. Der Anthroposoph aber wird wissen: Was du da siehst wie eine Folge deiner Taten, das ist ein

Bild, das sich in der Zukunft mit dir vollziehen wird; vorauserscheint dir der Ausgleich deiner Taten.«[14]

»Dazu aber geschieht die Ausbreitung der anthroposophischen Weltanschauung in unserer Zeit, daß der Mensch vorbereitet sein kann auf den physischen Plan, um entweder auf dem physischen Plan oder auf höhren Planen das Christus-Ereignis wahrnehmen zu können. Die Menschen, die nicht genug vorbereitet sind auf den physischen Plan und dann unvorbereitet das Leben zwischen Tod und neuer Geburt durchleben, müssen warten, bis sie in einer nächsten Inkarnation weiter zum Verständnis des Christus durch die anthroposophische Weltanschauung vorbereitet werden können. Aber die nächsten drei Jahrtausende werden den Menschen die Gelegenheit geben, diese Vorbereitung durchzumachen. Und alle anthroposophische Entwicklung wird darauf abzielen, die Menschen immer fähiger und fähiger zu machen, um sich hineinzuleben in das, was da kommen soll. So verstehen wir, wie die Vergangenheit in die Zukunft übergeht.«[15]

Hier ist mit Händen greifbar, daß Anthropsophie eine Religion ist. Auch wenn Rudolf Steiner immer betont, daß er nüchtern und ohne emotionalen Überschwang, nur beschreibend, die Ergebnisse seiner geisteswissenschaftlichen Forschung uns mitteile und uns die Vergangenheit und die Zukunft der Menschheit aufschließen wolle, so offenbart sich in dieser Sprache doch ein religiöses Sendungsbewußtsein, das stärker nicht ausgeprägt sein kann. Hier liegt nach meiner Überzeugung auch der Grund, warum Rudolf Steiner in seinen Schriften so schroff jede Kritik an seinem System zurückweist: Entweder sei der Kritiker noch nicht reif, geisteswissenschaftliche Erkenntnisse in sich aufnehmen zu können, oder er sei noch durch Vorurteile gebunden, oder er sei böswillig und wolle die Wahrheiten nicht sehen, die Rudolf Steiner ihm aus der »geisteswissenschaftlichen« Arbeit darbietet. Während es Kennzeichen wissenschaftlicher Arbeit wäre, Kritik zu begrüßen und zu diskutieren, läuft die Ablehnung jeglicher Kritik letztlich auf eine Ablehnung des Irrenden (!) durch den Wissenden (!) hinaus. Für die Art, wie Steiner mit seinen Kritikern umgeht, ist kennzeichnend, daß er am Ende seiner Ausführungen »Wie Karma wirkt«, über sie sagt: Wer ihn kritisiert, »hat von der Art solcher Wahrheiten keinen Begriff. Und Spott sowohl wie Kritik legen sich wie ein Drache vor das Tor des Heiligtums, innerhalb dessen man sie erkennen kann ... Es gibt nur einen Weg, um sich von ihrer Wirklichkeit zu überzeugen und der ist, sich anzustrengen, um diese Wirklichkeit zu erreichen.«[16] Wer sich dann bemüht, diese Wirklichkeiten in den höheren Welten zu sehen, wer sich – auch jahrelang – mit vollem Ernst und heißem Herzen der Ausbildung seiner höheren »Geistesorgane« widmet, und dennoch, wenn er ehrlich ist, keine Erkenntnis aus der »höheren Welt« bekommt, der hat sich dann eben nicht genügend angestrengt, ist moralisch noch nicht so weit oder muß eben, als letzten Trost, auf seine nächste Inkarnation warten, wo ihm diese Erkenntnisse geschenkt werden.

Wer sich dennoch innerhalb des anthroposophischen Gedankensystems bewegt, mit seiner Begrifflichkeit arbeitet und das Weltverständnis Rudolf Steiners übernimmt, der muß, auch wenn er noch so wissenschaftlich von der Anthroposophie und der »Geisteswissenschaft« redet, den Angaben Rudolf Steiners einfach glauben. Es führt kein Weg an der Einsicht vorbei, daß viele anthroposophisch geprägte Menschen die Literatur Rudolf Steiners und die Folgeliteratur der anthroposophischen Gesellschaft eben mit gläubigem Herzen lesen. Sie denken sich in das anthroposophische System hinein und betreten es staunend, wie ein großes Lehrgebäude. Sie glauben dem, was Rudolf Steiner ihnen auf vielen tausend Seiten seiner literarischen Tätigkeit hinterlassen hat – auch wenn sie immer betonen: »Wir wissen, daß ...«

Rudolf Steiner war dieses Problem sehr wohl bewußt.

Und es gibt eine bemerkenswerte Anmerkung, die er seinen Ausführungen »Wie Karma wirkt« angefügt hat. Leider sind diese Anmerkungen sehr unbekannt; daher möchte ich sie an dieser Stelle ausführlich zitieren, da in ihnen die Problematik von Wissen und Glauben in der Geisteswissenschaft sehr deutlich angesprochen wird: »Ich kann mir denken, daß es viele gibt, die auf dem Gipfel der Wissenschaftlichkeit zu stehen glauben, und welche die folgenden Auseinandersetzungen ganz unwissenschaftlich finden. Ich kann diese verstehen, denn ich weiß, daß zu diesem Einwand notwendig derjenige gedrängt wird, der keine Erfahrung auf übersinnlichem Gebiete hat und der zugleich nicht die nötige Zurückhaltung und Selbstbescheidenheit hat, um zuzugeben, daß er noch etwas lernen könne. Nur wenigstens das eine sollten solche Menschen nicht sagen, daß die hier vorgebrachten Vorgänge dem Verstande widersprechen, und daß man sie mit dem Verstande nicht beweisen kann. Der Verstand kann gar nichts tun, als Tatsachen kombinieren und systematisieren. Tatsachen kann man erfahren, aber nicht mit dem Verstande beweisen. Mit dem Verstande kann man einen Walfisch nicht beweisen. Den muß man entweder selbst sehen oder sich von denen beschreiben lassen, die einen gesehen haben. So ist es auch mit übersinnlichen Tatsachen. Ist man noch nicht soweit, sie selbst zu sehen, so muß man sie sich beschreiben lassen. Ich kann jedermann die Versicherung geben, daß die übersinnlichen Tatsachen, die ich im folgenden beschreibe, für den, dessen höhere Sinne geöffnet sind, ebenso tatsächlich sind wie der Walfisch.«[17]

Was bleibt dem Menschen anderes übrig, »dessen höhere Sinne« noch nicht geöffnet sind, als den Ausführungen Rudolf Steiners schlicht und einfach zu glauben? Um der Ehrlichkeit und Klarheit in der Sache willen muß das deutlich ausgesprochen werden. Es ist dies keine negative Wertung über die Menschen, die den Ausführungen Rudolf Steiners Glauben schenken. Es muß nur deutlich ausgesprochen werden, daß der Begriff »wissenschaftlich« im Zusammenhang mit den Beschreibungen Rudolf Steiners über die höheren Welten nicht adäquat gebraucht wird. Seine Aussagen sind – allen Einwänden zum Trotz! – tief religiöser Natur. Diese Feststellung wertet seine denkerischen Leistungen nicht ab, sondern rückt nur seinen überzogenen Anspruch auf Wissenschaftlichkeit zurecht.

5. Grundgedanken der anthroposophischen Pädagogik

Verknüpfung von Weltanschauung und Pädagogik

»Es ist eben anthroposophische Pädagogik auch da schicksalsgemäß aus der anthroposophischen Bewegung herausgewachsen. Gerade das, was wir innerhalb der anthroposophischen Bewegung am wenigsten gesucht haben, das gedeiht am allerbesten. Ich möchte sagen: Was uns die Götter gegeben haben, nicht das, was von Menschen gemacht worden ist, das gedeiht am besten. Und begreiflich wird es sein, daß gerade so etwas, wie die pädagogische Kunst dem Anthroposophen besonders ans Herz gewachsen sein muß.«[1]

Diese bemerkenswerte Aussage Steiners, die er zehn Monate vor seinem Tod auf einer Tagung in Arnheim machte, ist auch heute noch aktuell. Nirgendwo zeigt sich der Einfluß und die Wirkung der Anthroposophie auf das öffentliche Leben deutlicher, als in den Waldorfschulen (auch Rudolf-Steiner-Schulen). Was 1919 mit der Gründung der »Mutterschule« in Stuttgart auf der Uhlandshöhe begann, ist inzwischen zu einer weltweiten Bewegung gewachsen. So konnte Bernd Ruf 1989 feststellen: »Heute, 70 Jahre nach Begründung der ersten Waldorfschule, gibt es auf fünf Kontinente verstreut etwa 480 Waldorfschulen in über 28 Ländern der Erde. Die Ausdehnung in den japanischen, arabischen und jüdischen Kulturraum schreitet voran, und selbst Gründungen im Ostblock stehen bevor.«[2]

Der Name »Waldorfschule« kommt daher, daß Emil Molt, der Direktor der Waldorf-Astoria-Zigarettenfabrik, Steiner bat, für die Kinder der Arbeiter seiner Fabrik eine Schule auf anthroposophischer Grundlage zu gründen. Am 7. September 1919 wurde die Freie Waldorfschule in

Stuttgart von Steiner mit den zwölf Mitgliedern des »Urlehrerkreises« eröffnet.

Diesen Lehrerkreis hat Rudolf Steiner in einem intensiven Kurs auf seine neue Aufgabe vorbereitet. Mit einem feierlichen Gründungsakt wurde dieser Kurs am Vormittag des 21. August 1919 eröffnet. Steiner sagte anläßlich dieser Eröffnung Grundsätzliches über sein Verständnis pädagogischer Arbeit: »Wir müssen uns bewußt sein bei einer solchen Aufgabe, daß wir *nicht arbeiten bloß als hier auf dem physischen Plan lebende Menschen;* diese Art, sich Aufgaben zu stellen, hat ja gerade in den letzten Jahrhunderten besonders an Ausdehnung gewonnen, hat fast einzig und allein die Menschen erfüllt. Unter dieser Auffassung der Aufgaben ist dasjenige aus Unterricht und Erziehung geworden, was eben gerade verbessert werden soll durch die Aufgabe, die wir uns stellen. Daher wollen wir uns im Beginne dieser unserer vorbereitenden Tätigkeit zunächst darauf besinnen, wie wir im einzelnen *die Verbindung mit den geistigen Mächten, in deren Auftrag und deren Mandat jeder einzelne von uns gewissermaßen wird arbeiten müssen,* herstellen ... Wir wollen uns selbst alle betrachten als Menschenwesenheiten, welche *das Karma an den Platz gestellt hat,* von dem aus nicht etwas Gewöhnliches, sondern etwas geschehen soll, was bei den Mittuenden die Empfindung eines feierlichen Weltaugenblickes in sich schließt.«[3] (Hervorhebungen durch E.K.)

In diesen Sätzen wir deutlich, welchen Stellenwert Steiner der Gründung der ersten Waldorfschule gibt. Die Gründung einer Schule, die auf anthroposophischer Grundlage ihre pädagogische Arbeit leisten soll, ist nicht nur ein kulturelles Ereignis unter anderen, sondern sie ist eine Tat, die in der geistigen Welt vorbereitet und initiiert wurde; darum ist sie Ausdruck eines »feierlichen Weltaugenblickes«. Nicht Steiner selbst, noch die um ihn versammelten Menschen wollten die Gründung der Schule zu diesem Zeitpunkt, sondern – so Steiner – die »geistigen

Mächte«, die über dem Karma des Menschen walten, sahen die Zeit als reif für die Gründung dieser Schule. Nur aus seiner eigenen Verbindung mit den »geistigen Mächten« konnte Steiner diese Gewißheit gewinnen, nur in ihrem Auftrag wollte er handeln. Diese innere Gewißheit erklärt auch die ungeheure Dynamik und Konzentration, mit der er in wenigen Wochen vor seinen Zuhörern die Grundzüge der anthroposophischen Erziehungskunst entfaltete.

Er empfand seine Erziehungskunst, die sich später in der Waldorfpädagogik (aber nicht nur dort!) entfaltete, nicht als eine Weiterentwicklung der klassischen europäischen Pädagogik. Sie war für ihn etwas wesensmäßig Neues, denn sie ist eine Frucht des anthroposophischen Erkenntnisweges, ein Ergebnis intensiven geistigen Forschens, und von daher völlig frei von allen sonstigen wissenschaftlichen Theorien oder Entwürfen. Sie nimmt folglich der klassischen Erziehungswissenschaft gegenüber einen vollkommen unabhängigen und autonomen Standpunkt ein.

Die Grundlage der Steinerschen Erziehungskunst ist das aus der anthroposophischen »Forschung« gewonnene Menschenbild. Es ist unmöglich, wie es manche versuchen, die Waldorfpädagogik losgelöst von ihrem methaphysischen und anthroposophischen Hintergrund verstehen oder gar anwenden zu wollen. Nur wenn man die anthroposophische »Geisteswissenschaft« in ihren Grundzügen verstanden hat, kann man auch ihre praktischen Auswirkungen in der pädagogischen Arbeit verstehen und nachvollziehen. Einzelne methodische Vorgehensweisen aus der Waldorfpädagogik herauszuziehen, um sie einem anderen pädagogischen Konzept einzufügen, widerspricht grundlegend dem, was Steiner mit seiner Erziehungskunst erreichen wollte. Nirgendwo wird der innere Zusammenhang zwischen »geisteswissenschaftlichem« Erkennen und unmittelbarer Anwendung in der Praxis deutlicher als in der pädagogischen Arbeit, die auf anthroposophischer

Grundlage geschieht. Die Methoden und Ziele der pädagogischen Arbeit orientieren sich unmittelbar an dem Menschenbild, das Steiner in vielen Schriften und Vorträgen entwickelt hat. Dazu gehört notwendigerweise auch der metaphysische Hintergrund des Menschen, wie ihn Steiner sieht. Gerade das strenge »Gesetz« von Reinkarnation und Karma mit all seinen damit verbundenen Implikationen hat Auswirkungen auf die anthroposophische Pädagogik.

Der Lehrer und die ihm anvertrauten Schüler – und die Schüler untereinander – finden sich nicht zufällig in einer bestimmten Klasse zu einem bestimmten Zeitpunkt zusammen. Es ist das Karma, das diese Menschen zu einem bestimmten Zeitpunkt ihrer Reinkarnation zu einer lehrenden und lernenden Gemeinschaft zusammengeführt hat. Nichts an dieser Gemeinschaft ist zufällig, weder ihre Zusammensetzung, noch die Gaben und Fähigkeiten, die jedes einzelne Mitglied in diese Gemeinschaft einbringt. Dies gilt auch für alle Schwierigkeiten und Hemmnisse, die innerhalb dieser Gemeinschaft im Laufe ihres Zusammenlebens und Zusammenarbeitens auftreten werden.

Aus diesem Grunde ist es verständlich, daß Steiner an die Persönlichkeit des Lehrers besonders hohe Anforderungen stellt:

»Was einem wirklich vorliegt, ist das kindliche Wesen, das sein Dasein nicht begonnen hat mit seinem physischen Dasein, sondern das aus vorirdischen Welten sein Geistig-Seelisches heruntergebracht hat und untergetaucht ist in das, was ihm an physischer Leiblichkeit von Eltern und Voreltern überbracht worden ist. Da schaut man hin auf dieses Kind, wie es mit ganz unbestimmter Physiognomie einem in den ersten Lebenstagen entgegentritt, mit ganz unorganisierten, unorientierten Bewegungen. Da verfolgt man von Tag zu Tag, von Woche zu Woche, wie die Physiognomie immer bestimmter und bestimmter der Ausdruck desjenigen wird, was vom inneren Seelischen her sich an die Oberfläche arbeitet. Da verfolgt man, wie die Bewegungen, wie das ganze Leben des Kindes immer orientierter und orientierter werden, wie ein Geistig-Seelisches im tiefsten Inneren sich an die Oberfläche heranarbeitet. Da fragt man sich mit heiliger Ehrfurcht und Andacht: Was arbeitet sich denn da an die Oberfläche? – Da wird Herz und Sinn zurückgeführt zu dem, was vom Menschen selbst an Geistig-Seelischem da war in der geistig-seelischen, vorirdischen Welt, was aus dieser Welt heruntergestiegen ist in die physische, und man sagt sich: Du Kind, jetzt, nachdem Du durch die Geburt ins irdische Dasein eingetreten bist, bist Du unter Menschen; vorher warst Du unter geistig-göttlichen Wesenheiten. – Was gelebt hat unter geistig-göttlichen Wesenheiten, das ist heruntergestiegen, um unter Menschen zu sein! *Man sieht das Göttliche im Kinde werden. Man fühlt sich vor einem Altar.* Nur daß auf den Altären, die man in den Religionsgemeinschaften gewohnt ist, die Menschen den Göttern opfern, damit ihre Opfergaben hinaufsteigen in die geistige Welt; jetzt fühlt man sich gewissermaßen vor dem umgekehrten Altar, *die Götter lassen ihre Gnadenströme heruntersteigen als göttlich-geistige Wesenheiten, damit diese sich hier auf dem Altar des physischen Lebens als Göttersendlinge menschlich entfalten!* ... Dann aber wird einem jedes einzelne Menschenkind zu einem heiligen Rätsel. Denn dann bildet jedes einzelne Kind die große Frage – nicht: Wie soll man es erziehen, daß es, wie man es sich ausgedacht hat, sich einem Idol nähert –, sondern: Wie soll man das pflegen, was einem die Götter heruntergeschickt haben in die irdische Welt? – Man lernt sich erkennen zu einem Helfer der göttlich-geistigen Welt.«

In dieser Gesinnung soll der anthroposophisch arbeitende Pädagoge an seine erzieherische Tätigkeit herangehen. In dieser geistigen Haltung erhält der pädagogische Beruf seinen höchsten Adel: »Entsteht eine solche Gesinnung, dann wird der *Erzieherberuf zum Priesterberuf;* denn dann wird der Erzieher zum Verwalter dessen, was die Götter mit den Menschen ausführen wollen.«[5] (Hervorhebungen durch E.K.)

Steiner macht an verschiedenen Beispielen deutlich, welches die wesentlichen Grundelemente seiner anthroposophischen Erziehungskunst sind. Wir wollen zwei dieser Beispiele ausführlich betrachten, weil sie mehr aussagen als jede theoretische Erörterung: sie sind dem Arnheimer Vortragszyklus über die Pädagogik entnommen:

»Betrachten wir einmal Goethe und Schiller äußerlich, ihrem Lebenslaufe nach, aber gehen wir auf die ganze Persönlichkeit aus. Wir haben Goethe in merkwürdiger Weise ins Leben hineintretend: er wurde ganz schwarz geboren, d.h. dunkelblau. Also er zeigte zunächst, daß er mit seinem Geistig-Seelischen außerordentlich schwer untertauchen konnte in das Physisch-Leibliche. Aber wiederum, als Goethe einmal untergetaucht war, als er dieses spröde physisch-leibliche Material in Anspruch genommen hatte, da war er auch ganz drinnen. Man kann sich eigentlich auf der einen Seite kaum eine gesündere Natur denken, als die des Goethe-Knaben. ... Goethe war eine sogenannte Sitzgröße. Wenn er saß, kam er einem groß vor; wenn er stand, sah man, daß er kurze Beine hatte. Das ist etwas Eigentümliches, was für den, der nun den Menschen nach seiner Einheitlichkeit beobachten kann, besonders wichtig ist. Warum hatte Goethe kurze Beine? Die kurzen Beine bedingen einen besonderen Gang; er ging in kurzen Schritten, die, weil der Oberkörper schwer war – er war schwer und lang –, allerdings fest auf die Erde gesetzt wurden. Wir müssen das beobachten, damit wir es als Erzieher bei Kindern gut studieren können. – Was heißt das, es hat ein Mensch kurze Beine und einen übergroßen Oberkörper? Das heißt: Wir haben bei einem solchen Menschen in der äußeren Erscheinung gegeben, daß er das, *was er in einem vorigen Erdenleben durchlebt hat, auf eine harmonische Weise karmisch in dem gegenwärtigen Erdenleben, d.h. in dem, von dem man spricht, zur Darstellung bringen kann* (Hervorhebung durch E.K.). Goethe war auch in dieser Beziehung außerordentlich harmonisch, daß er alles, was in seinem Karma lag, ausgestalten konnte bis ins höchste Lebensalter hin ... Da hat sich eigentlich alles ausgelebt, was karmisch veranlagt war; da ist eigentlich nichts geblieben, und Goethe muß neu anfangen, wenn er wieder in einem Erdenleben erscheint, unter ganz neuen Bedingungen. Das alles drückt sich gerade in einem so gestalteten Körper aus, wie ihn Goethe hatte.«[6]

Anders verhält es sich nach Steiner bei Schiller: »Betrachten wir dagegen Schillers Leben. Schiller wird von vornherein in einen Lebenszusammenhang hineingestellt, der eine fortwährende Disharmonie zeigt zwischen seinem Seelisch-Geistigen und seinem Körperlich-Physischen ... Schiller ist nicht eine Sitzgröße, sondern er hat lange Beine. Alles dagegen, was zwischen Kopf und Gliedmaßen liegt, worin die Ursachen der Zirkulation und der Atmung liegen, ist bei ihm wirklich krank, kümmerlich von Anfang an ausgebildet, und er leidet sein ganzes Leben hindurch, zuerst mit größeren Pausen, dann aber fast unaufhörlich an Krämpfen ... Da entsteht die Frage: Was liegt karmisch bei einem Menschen aus früheren Erdenleben her vor, der in dieser Weise an Krämpfen leiden muß? – Krämpfe sind, wenn sie ins menschliche Leben eingreifen, *ungemein stark hinweisend auf das menschliche Karma.* Wenn man vom geisteswissenschaftlichen Standpunkte aus mit ernster, verantwortlicher wissenschaftlicher Untersuchung an Krampferscheinungen herangeht, so findet man immer, *da liegt beim Menschen ein bestimmtes Karma vor, Ergebnisse von Taten, Gedanken und Gefühlen früherer Erdenleben.* ... Das ist eben die *Eigentümlichkeit der Geisteswissenschaft,* daß sie nicht im Phantastischen herumschwimmt, nur so im Allgemeinen herumredet, der Mensch habe die vier Wesensglieder: physischer Leib, ätherischer Leib, astralischer Leib und Ich, sondern, daß sie eingeht auf das wirkliche Leben und hinweisen kann auf etwas im physischen Leben, wo die *wirklichen geistigen Ursachen* für irgendwelche äußeren Ereignisse liegen, so daß *sie weiß*, wie der Mensch im äußeren Leben sich darlebt. *Das ist das, was wirkliche Geisteswissenschaft geben können muß*«[7] (Hervorhebungen durch E.K.).

Diese Sichtweise Steiners über den Zusammenhang von anthroposophischer Menschenkenntnis und pädagogischer Arbeit bedingt die Forderung, »daß man zunächst darauf hinarbeitet, daß die Lehrer, die Erzieher im tiefsten Sinne Menschenerkenner seien«[8]. Und es ist selbstverständlich, daß das aus Steiners Sicht richtige, angemessene und sachgemäße Verständnis des Menschen nur auf dem anthroposophischen »Schulungsweg« zu erlangen ist: »Anthroposophische Pädagogik will ja aus derjenigen Menschenerkenntnis heraus wirken, *die nur auf dem Boden geisteswissenschaftlicher Anthroposophie zu erringen ist*«[9] (Hervorhebung durch E.K.).

Was Steiner am Beispiel von Goethe und Schiller deutlich gemacht hat, überträgt er auf die pädagogische Situation innerhalb einer Klasse: »Wenn man bei einem Menschen sieht, wie er schon im Kindesalter mit rauher Stimme spricht, mit einer Stimme, wie wenn Messing mit Blech zusammengeschlagen wird, so weiß man wiederum, daß dies mit dem Atmungs- oder Zirkulationssystem zusammenhängt. Aber dabei bleibt es nicht allein. Indem man einem Kinde zuhören lernt, ob es eine harmonische, weichsympathische Stimme oder eine schmetternde Stimme hat und dies zusammenhängen sieht mit den Lungenbewegungen, mit der Herzbewegung und Blutzirkulation – bis in die Finger – und Zehenspitzen hinein den ganzen Menschen innerlich durchvibrierend, da sieht man in dem, was in seiner Sprache sich ausdrückt, zugleich Seelisches. Da tritt sozusagen etwas auf wie ein höherer Mensch, der in diesem Bilde sich ausdrückt, das die Sprache zusammenfaßt mit den körperlichen Vorgängen der Zirkulation und der Atmung. *Und von da aus sieht man dann in das vorirdische Leben des Menschen hinauf, das beherrscht ist von denjenigen Bedingungen, die wir uns zwischen dem Tode und unserer neuen Geburt angeeignet haben. Da spielt das hinein, was der Mensch im vorirdischen Dasein erlebt hat. Da lernt man erkennen, wenn man das Wesen des Menschen in wahrer Menschenerkenntnis ergreifen soll, wie man sich das Ohr spirituell schulen muß für das Anhören der Kinderstimmen. Und man kann dann wissen, was man tun kann, um einem Kinde, das bei einer schmetternden Stimme uns verrät, daß es ein stockendes Karma hat, dazu zu verhelfen, daß dieses Karma herauskommen kann.«*[10] (Hervorhebung durch E.K.)

Es ist nicht richtig, wenn gesagt wird, diese Aspekte der anthroposophischen Pädagogik seien nur spekulative Nebenwege der pädagogischen Arbeit und man könne sie auch vernachlässigen. Steiner weist mit großem Ernst darauf hin, daß gerade diese metaphysischen Zusammenhänge des Menschenschicksals für seine Pädagogik grundlegende Voraussetzungen darstellen. »So lernt man durch die geisteswissenschaftliche Beobachtung das Karma im Kinde kennen. Und das ist *das Allerwichtigste, das man durchschauen muß.«*[11] (Hervorhebung durch E.K.)

Es ist die Aufgabe des anthroposophisch geschulten Pädagogen, die »karmischen Zusammenhänge« innerhalb des ihm anvertrauten Klassenverbandes zu erkennen. Nur diese Zusammenhänge geben ihm letztlich Aufschluß darüber, wie er den einzelnen Schüler innerhalb des Klassenverbandes fördern kann. Es geht nicht nur darum, Methoden zu entwickeln, die eine reibungslose Sozialisation der Schüler in die Gesellschaft hinein ermöglichen. Die Förderung des einzelnen Schülers liegt darin, im Verlaufe der ihm zukommenden Erziehung sein Wesen mit allen Gaben und Grenzen weiterzuentwickeln. Die Keime, die im einzelnen Schülerleben verborgen liegen, sollen sich im Laufe der schulischen Laufbahn des Schülers immer weiter entfalten. Ihr Ursprung liegt jedoch nicht im irdischen Leben des Schülers, sondern sie wurden ihm von den geistigen Mächten für seinen Lebensweg mitgegeben. Eine noch so erfolgreiche Schullaufbahn, die dem Schüler hervorragendes Wissen vermittelt, ihm Fähigkeiten anerzieht, die es ihm ermöglichen, im bürgerlichen Leben erfolgreich zu sein, ist dennoch sinnlos, ja im letzten gescheitert, wenn sie dem Schüler nicht den Weg weist zu dem Ziel, das ihm die geistigen Mächte für sein Leben gesetzt haben.

Hier liegt im Ansatz die wesentliche Differenz zwischen der anthroposophischen Erziehungskunst und allen anderen pädagogischen Konzepten, seien sie humanistisch oder gesellschaftskritisch konzipiert.

Der Lehrer hat bei Rudolf Steiner nicht nur die Funktion, Wissen und Fähigkeiten zu vermitteln, sondern er ist im wahrsten Sinne des Wortes ein »Menschen-Führer«. Er geht mit den ihm anvertrauten Kindern voran und führt sie auf Grund des anthroposophischen Menschenbildes auf ihren eigenen, von den geistigen Mächten gewiesenen Weg. Erst wenn der Schüler mit Eintritt in das Erwachsenenalter seinen Weg gefunden hat und ihn selbständig weitergehen kann, ist die anthroposophische Erziehungskunst zu ihrem Ziel gekommen.

Diese Tatsache drückt Steiner in dem Spruch aus, den er für die Schulabgänger der Waldorfschule geprägt hat:

> »In den Tiefen der Erinnerung
> soll sich stark erweisen,
> was die Seele durfte finden
> in Herzenskreisen
> durch die Geistesführerschaft
> in den Kräften
> lieber Lebensschulung.«

Es fällt vielen Menschen, die die anthroposophische Pädagogik nur von außen betrachten, schwer, den inneren Zusammenhang von anthroposophischer Erkenntnis und praktischer Erziehungsmethode zu erkennen.

In seinem letzten Vortrag auf der Stuttgarter Erziehungstagung im April 1924 hat Steiner diesen Zusammenhang noch einmal ganz deutlich gemacht: »Überzeugt kann man sein: Wenn der Mensch richtig erzogen wird auf der Erde, dann wird auch der *Himmelsmensch* richtig erzogen, denn im Erdenmenschen lebt der Himmelsmensch. Erziehen wir den irdischen Menschen in der richtigen Weise, *so bringen wir durch das Stückchen, das er vorwärtsgebracht werden muß zwischen Geburt und Tod, auch den himmlischen Menschen in der richtigen Weise weiter.* Damit aber ist einer Anschauung Rechnung getragen, welche in der richtigen Weise nach Weltenerkenntnis geht, nach jener Weltenerkenntnis, die das weiß: Der Mensch muß mitbauen an dem großen geistigen Weltenbau, der dann auch im Sinnlichen sich offenbart. *Als ein an der Menschheit Mitbauender muß der Mensch erkannt werden in einem richtigen Erziehen.* Das habe ich gestern gemeint mit der Charakteristik jener Weltauffassung und Lebensanschauung, von der ich sagte; sie solle im Hintergrunde des Lehrens und Erziehens stehen.«[12] (Hervorhebungen durch E.K.)

Im übrigen gilt natürlich: »Wir finden durch Anthroposophie die beste Methode zu lehren.«[13]

Die ganze Pädagogik Steiners ist also eingebettet in den metaphysischen Geisteshintergrund der von ihm entwickelten Anthroposophie. Er selbst drückt es so aus: »Nun wäre die ganze Waldorfschule nicht da, wenn nicht die Anthroposophie da wäre.«[14] Dieser Satz klingt selbstverständlich, aber es ist notwendig, sich diesen Zusammenhang in der pädagogischen Diskussion immer wieder deutlich vor Augen zu führen.

Eltern, die ihren Kindern eine bewußt christliche Erziehung angedeihen lassen wollen und sich überlegen, ob sie sie auf eine Waldorfschule schicken, müssen sich diesen Zusammenhang immer wieder deutlich vor Augen führen. Zwar betonte schon Steiner selbst, daß seine Waldorfschule keine »Weltanschauungsschule« sein sollte. Aber was ist seine Schule anderes, wenn sie auf Grund des anthroposophischen Menschenbildes ihre Lehrpläne gestaltet und ihre pädagogischen Methoden entwickelt? Gerade die Diskussionen in den letzten Jahren innerhalb der Waldorfbewegung, ob die Schule stärker ihre anthroposophische Ausrichtung betonen soll oder nicht, zeigt, daß die Frage, ob die Waldorfschule eine Weltanschauungsschule ist oder nicht, an Bedeutung nichts verloren hat.

Auch die Elternschulungen und Elternseminare haben ja nicht nur die Aufgabe, die Eltern stärker in die Schulwirklichkeit einzubinden, sondern sie sollen auch der Verbreitung des anthroposophischen Weltverständnisses in die Gesellschaft hinein dienen. Sie haben, um es deutlich auszudrücken, auch eine missionarische Funktion unter den Eltern der Waldorfkinder. Dies deutlich auszusprechen ist keine Diffamierung, sondern eine sachliche Feststellung. Wenn auch der Begriff »missionarisch« anstößig klingen mag, der Sachverhalt als solcher bleibt davon unberührt.

Der »freie Religionsunterricht«

Eine Besonderheit an den Waldorfschulen ist der sogenannte »freie Religionsunterricht«, der den Schülern angeboten wird, die keiner Konfession angehören. Die Einführung dieses Unterrichts ergab sich für Steiner aus der Beobachtung, daß »viele Dissidentenkinder, Kinder von religionslosen Eltern«[15], die erste Schule besuchten.

Über den reinen Schulunterricht hinaus gibt es für diese Schüler auch am Sonntag eine gottesdienstliche Veranstaltung: »Für den freien Religionsunterricht haben wir auch an jedem Sonntag eine Art Kultus.«[16]

Da früher die Konfirmation mit dem Ende der Schulzeit zusammenfiel, ergab sich auch die Notwendigkeit, eine ähnliche Veranstaltung für diesen Kreis von Schülern anzubieten: »Ein besonderer Kultus ist für diejenigen vorhanden, die dann die Schule mit dem 14. Jahr verlassen.«[17]

Der Unterricht und der Kultus dienen nach dem Urteil Steiners »in einer außerordentlich günstigen Weise zur Wiederbelebung des Christentums«[18].

An den Hinweisen, die Steiner zur methodischen Durchführung des freien Religionsunterrichts gibt, wird deutlich, welchen Stellenwert die Botschaft der Bibel im Alten und Neuen Testament bei ihm wirklich hat.

Im August 1924 nahm er zur Frage des Religionsunterrichts an der Waldorfschule in Torquay/England anläßlich einer Schulgründung ausführlich Stellung: »Für diesen freien Religionsunterricht lehren wir zunächst Dankbarkeit beim Betrachten aller Dinge der Natur. Während man sonst in Legenden, Mythen, einfach erzählt, was die Dinge treiben, Steine, Pflanzen und so weiter, handelt es sich darum, überall den kindlichen Blick auf das Empfinden des Göttlichen in allen Dingen hinzulenken. Also wir beginnen in einer gewissen Weise mit einer Art, ich möchte sagen, *religiösem Naturalismus in kindlicher Form.* Das Kind versteht von den Evangelien wiederum nichts vor dem Zeitpunkte zwischen dem 9. und 10. Jahre, den ich angegeben habe. Erst da kann man dann auf die Evangelien übergehen, später auf das Alte Testament. Also es kann sich *nur darum handeln,* den Kindern zunächst im allgemeinen eine *Art Naturreligion* beizubringen. Für die haben wir dann unsere Methode ... Dann, zwischen dem 9. und 10. Jahre erst, sollte man auf die Evangelien, und gar erst viel später auf das Alte Testament übergehen, erst vom 12., 13. Jahre an. So würde man sich etwa den freien Religionsunterricht zu denken haben.

Um den katholischen und evangelischen Unterricht kümmern wir uns nicht. Den lassen wir halt den katholischen und evangelischen Pfarrer erteilen.«[19] (Hervorhebungen durch E.K.)

Der von den Konfessionen getragene Religionsunterricht war nach der Überzeugung Steiners eine Veranstaltung, die es bald nicht mehr geben würde. Mit dem sich abzeichnenden Ende der tradierten christlichen Kirchen sei zwangsläufig auch das Ende des von ihnen erteilten schulischen Unterrichts verbunden. An seine Stelle wird dann – in naher oder ferner Zukunft – der von Steiner in seinen Grundzügen entworfene Religionsunterricht treten.

6. Leben unter dem Gesetz des Karma – oder im Glauben an Jesus Christus?

Es war das Anliegen Steiners, den religiösen Glauben und das aufkommende naturwissenschaftliche Denken miteinander zu verbinden; oder – um es exakter auszudrükken – er wollte aufzeigen, daß beide Bereiche von ihrem Ursprung her immer miteinander verbunden waren. Sowohl im Bereich des Religiösen als auch im Bereich des naturwissenschaftlich Exakten, walteten dieselben Gesetzmäßigkeiten, die der denkende Geist erkennen kann. Der religiös suchende Mensch sei nicht gezwungen, feste dogmatische Lehrsätze als Glauben anzuerkennen. Er sei auch nicht allein im Nebel mystischer Spekulationen, wo er orientierungslos, auf sich alleingestellt, herumirre, sondern er könne durch den anthroposophischen Erkenntnisweg klare Einsicht in die über ihn waltende geistige Welt gewinnen. Die so gewonnenen Erkenntnisse auf geistig-religiösem Gebiet besäßen dieselbe Qualität wie die auf naturwissenschaftlichem Gebiet gewonnenen Erkenntnisse.

Nur auf diesem Weg ist nach Steiner für den modernen Menschen die Religion in echter und aufrichtiger Weise erlebbar und nachvollziehbar. Man spricht in der Anthroposophie in diesem Zusammenhang vom »alten Weg« und vom »neuen Weg«. Auf dem alten Weg wird dem Menschen durch die Institution der Kirche die Wahrheit in einem Dogma vorgegeben. Der Gläubige hat sich, vertrauend auf die bewährte geistliche Autorität der Kirche, in dieses Dogma hineinzuglauben. Das Dogma war vor ihm da, es besitzt seine Wahrheit und Gültigkeit aus der Tradition heraus, in der es überliefert wurde. Dieser Glaube gibt dem gläubigen Menschen ein hohes Maß an Sicherheit und Halt. Er besitzt ein festes Fundament, auf dem er stehen kann, er hat Leitlinien, an denen er sich auf seinem Lebensweg orientieren kann, und er ist Glied einer größeren Gemeinschaft, auf die er sich im Leben verlassen kann, und die ihn im Sterben trösten wird.

Dieser Glaube hatte aus anthroposophischer Sicht seine historische Berechtigung im Zeitalter der Verstandes- und Gemütsseele. In dieser Zeit war diese Form des Glaubens und des religiösen Lebens dem Bewußtseinsstand der damaligen Menschen angemessen.

Für Steiner ist diese Form des Glaubens dem modernen Menschen nicht mehr möglich. Das Zeitalter der »Bewußtseinseele« fordert eine neue, dem Denken und Erleben des modernen Menschen angemessene Form religiösen Erkennens. Vom »Glauben« darf man in diesem Zusammenhang nach Steiner eigentlich nicht mehr reden. Der Glaube, der sich vertrauend auf eine überlieferte Wahrheit einläßt, ist eine unzeitgemäße Form religiöser Existenz.

An die Stelle des vertrauenden Glaubens, der sich auf überlieferte und bezeugte Wahrheiten stützt, tritt in der Anthroposophie das Streben nach geisteswissenschaftlicher Erkenntnis. Die Menschen, die sich auf dem anthroposophischen Erkenntnisweg mühen, bilden so eine neue religiöse Gemeinschaft – auch wenn diese Gruppe keine fest umrissene konfessionelle Gruppe im traditionellen Sinn ist. »Jeder, der sich strebend bemüht, ist mir Bruder und Schwester,« sagte mir einmal ein Anthroposoph, der Schulungskurse leitete.

Die Anthroposophie sieht sich daher nicht als eine Stütze des *Glaubens,* sondern des *religiösen Lebens* der Gegenwart.Sie will den Menschen auf dem Weg der »Geisteswissenschaft« echte religiös-geistige Erkenntnisse vermitteln. Diese Erkenntnisse sollen von jedem einzelnen genuin gewonnen werden können, ohne daß er sich vorher auf überlieferte Wahrheiten einlassen muß.

Nach anthroposophischer Auffassung geht es in der Religion, wie sie bisher in unserem Kulturraum praktiziert wurde, um Gemütsinhalte und Gefühle. Aus diesem Grund wird der Glaube, wie er in den Kirchen gelebt wird, als der »gemüthafte Zugang zum Religiösen« bezeichnet, als »exoterischer Weg«. Er führt über den Glauben an die christlichen Bekenntnisse, die Bibel und die Sakramente zu einer gefühlsmäßigen Bindung an Jesus Christus.

Das ist aus anthroposophischer Sicht nichts Schlechtes, aber es ist für das Zeitalter der »Bewußtseinsseele« der veraltete, überholte Weg. Er ist den Menschen unseres Zeitalters nicht mehr angemessen.

Der »esoterische Weg«[1] der Geisteswissenschaft führt nicht über den Glauben, sondern über das schauende Wissen, das die geistige Welt kennt, über die fortschreitende Offenbarung aus den geistigen Sphären zur geistigen Kommunion mit den »geistigen Wesenheiten« selbst.

Auf diese Weise wird das religiöse Leben ständig aus den geistigen Erlebnissen des Geistesforschers befruchtet und erhält dadurch eine in die Zukunft weisende Dynamik.

Das anthroposophische Denken ist stark strukturell geprägt: Wer die rechte Methode zur Erkenntnis der geistigen Welten besitzt, verfügt damit über den Schlüssel, der ihm den Zugang in die Vergangenheit und die Zukunft eröffnet.

Der Mensch mit seinem erkennenden Denken ist es, der die Gesetzmäßigkeiten, welche den Lauf der Geschichte bis zu diesem Zeitpunkt bestimmten und in Zukunft bestimmen werden, erkennt – und sich entsprechend verhalten und handeln kann.

Dieses methodische Prinzip ist im Kern eine Mischung von mystischem Denken und rationalisiertem Intellekt: Ich erkenne durch Versenkung und Meditation, welche Kräfte und Wesen in der »geistigen Welt« wirken und welche Konsequenzen ihr Handeln für den weiteren Verlauf der menschlichen Geschichte und für mich persönlich hat – und ich bin es, der mit meinem wachen Geist diesen Gesetzmäßigkeiten entsprechend meine Zukunft gestaltet.

Dieses funktionalisierte Denken ist ein typisches Kennzeichen der europäischen Neuzeit: Der Mensch muß die Gesetzmäßigkeiten einer Sache erkennen, ihre Gesetze formulieren und sie schließlich anwenden – dann kann er ein positives, der Sache entsprechendes Ergebnis erlangen. Dieses Denken ermöglichte den Siegeszug der neuzeitlichen Naturwissenschaft.

Die Behauptung Steiners, daß *jeder*, der seinen Erkenntnisweg geht, auch die von ihm geschauten Einsichten in die geistige Welt bekommen wird – sei es in dieser Inkarnation, sei es in einer späteren – beruht genau auf diesem Denken.

Der naturwissenschaftliche Monismus Häckels, der allein die sichtbare und meßbare Welt als Wirklichkeit gelten läßt, findet hier im Denken Steiners seine Fortsetzung: Die Gesetzmäßigkeiten der *einen* Wirklichkeit – nun in die geistige Welt hinein erweitert! – gilt es zu erkennen und entsprechend zu handeln, dann findet die Menschheit wieder den ihr gewiesenen Weg in die geistige Freiheit. Andernfalls bleibt sie laut Steiner im materialistischen Denken gefangen.

Wie die naturwissenschaftlichen Erkenntnisse von jedermann erkannt werden können, so können es auch die durch »geisteswissenschaftliches Forschen« gewonnenen Erkenntnisse.

Hier liegt die Ursache für manche Depressionen und seelische Leiden, die man bei Anthroposophen finden kann, die sich Jahre und Jahrzehnte mit ganzer seelischer Kraft auf dem anthroposophischen »Erkenntnisweg« mühten und doch, wenn sie vor sich selbst ehrlich sind, keine Erkenntnisse der »höheren Welten« empfingen. Es gibt dann verschiedene Deutungsmuster, die solchen Menschen als Erklärungen angeboten werden:

– Du hast dich nicht genügend bemüht, deine Anstrengung war nur halbherzig, deine seelischen Kräfte waren noch an ganz andere Dinge gebunden, du warst nicht frei für die Erkenntnis, die dir die höheren Mächte schenken wollten.

- Dein moralischer Wandel behinderte den Empfang der Erkenntnis. Du hast dich nicht an dic goldene Regel gehalten, welche dir auferlegt, für einen Schritt der Erkenntnis drei Schritte der moralischen Vervollkommnung zu machen.
- Deine bisherigen Inkarnationen wirken sich negativ auf deine heutigen Erkenntnisbemühungen aus. Du bist noch nicht eine solche reife Persönlichkeit, die jetzt schon würdig ist, Erkenntnisse zu empfangen. Warte auf weitere Inkarnationen, dann wird dir Stück für Stück das geschenkt werden, worum du dich jetzt vergeblich bemühst.

Der Satz Fränkl-Lundborgs: »Die Anthroposophie ist die einzige Wissenschaft, die auch vom moralischen Verhalten des Wissenschaftlers abhängt«[2], läßt viele Deutungsmuster offen. Aber genau hier liegt ja der Ansatzpunkt dafür, daß die Anthroposophie eben keine Geistes-*Wissenschaft* sein kann. Denn so klar und objektiv, wie sie ihre Ergebnisse verstanden haben will, ist eben der methodische Erkenntnisweg zu diesen Ergebnissen nicht. Vieles, was als Ergebnis anthroposophischen Denkens ausgegeben wird, ist sicher das Ergebnis spekulativen Denkens. Auch wenn eine solche Aussage den Zorn anthroposophisch geschulter Menschen hervorruft, muß sie doch gemacht werden.

Dies gilt in ganz besonderer Weise für die Aussagen, die Rudolf Steiner über die Person Jesu Christi macht. Jesu Leben und Wirken wird von ihm in einer Weise gedeutet, die von der Christenheit nicht übernommen werden kann. Was er als *wissenschaftliche* Ergebnisse seiner Forschung ausgibt, ist so für die Christenheit nicht konsensfähig, weil es dem Alten und Neuen Testament – dem Maßstab aller christlichen Aussagen über Jesus Christus – nicht entspricht. Alle Harmonisierungsversuche, die von seiten der anthroposophischen Gesellschaft – oder von Andreas Binder – gemacht werden, müssen daher notwendigerweise scheitern.

Steiner versucht, mit seinem »Erkenntnisweg« dem religiösen Leben eine pseudo-wissenschaftliche Grundlage zu geben und so dem modernen Menschen – wie er ihn sieht – den Zugang zum Religiösen zu erleichtern.

Aber was soll diese Grundlage, wenn der einzelne Mensch sie nicht nachvollziehen kann? Wenn ihm der Zugang zu den Ergebnissen dieser Forschung aus eigenem Leben verborgen bleibt? Muß dann sein »Forschen« nicht zwangsläufig im Glauben an Steiners Aussagen – oder in der Resignation enden?

Steiner ging in seiner »Geisteswissenschaft« einen Weg, der in seiner Konsequenz in der Sackgasse einer neuen, sich auf die exklusiven Ergebnisse seines »Forschens« stützenden religiösen Gemeinschaft mündete. Daher trägt auch die Verehrung, die ihm bis heute von manchen seiner Anhänger und Anhängerinnen entgegengebracht wird, geradezu religiöse Züge, die Außenstehenden oft befremdlich erscheinen.

Können wir nun die von Steiner initiierte anthroposophische Bewegung als eine im Sinn der Heiligen Schrift – welchen Maßstab sollte es sonst geben? – christliche Bewegung ansehen? Können wir die »Mission der Geisteswissenschaft«[3], die Steiner als so notwendig ansieht, als eine Bewegung im Sinn des Missionsbefehls Jesu (Matthäus 28,18–20) ansehen?

Wenn Steiner das Gleichnis Jesu vom Säemann, der seinen Samen ausstreut und auf das Wachstum wartet (Lukas 8,5–8), auf das Wachsen der anthroposophischen Weltanschauung hin auslegt – ist seine Auslegung dann im Sinn der Heiligen Schrift berechtigt?

»So ist es auch mit der anthroposophischen Weltanschauung. Auf sie ist anwendbar, was der Christus Jesus seinen Schülern als Erklärung dieses Gleichnisses vom Säemann gibt. Der Same ist das *Reich der Götter, das Reich der Himmel, das Reich des Geistes* ... nur wenige sind imstande, die spirituellen Wahrheiten zu entfalten als etwas Freies, wie das vierte Samenkorn. Das sind die, welche beginnen, das anthroposophische Element als lebendige Wahrheit zu empfinden, die es als Lebenselement in die Seele aufnehmen und ganz darinnen leben; das sind zugleich die, welche die *Vorläufer* für die Wirksamkeit der spirituellen Wahrheiten in der Zukunft sind.

Niemand aber, der nicht durch seine eigene innere Seelenkraft das *richtige Vertrauen, die richtige Überzeugungskraft* von der Wirkungsweise dieser spirituellen Weisheit hat, kann durch irgend etwas Äußerliches heute von der Wahrheit und der Wirkungskraft der spirituellen Weisheit überzeugt werden.«[4] (Hervorhebungen durch E.K.)

Jesus sagt als Auslegung zu diesem Gleichnis: »Der Same ist das Wort Gottes« (Lukas 8,11).

Es ist völlig unsachgemäß, wenn Steiner die anthroposophische Weltanschauung inhaltlich mit dem gleichsetzt, was Jesus Christus im Gleichnis als das Wort Gottes bezeichnet. Das Wort Gottes ist in der Bibel die geoffenbarte Botschaft Gottes an sein Volk Israel – von Abraham bis zu den Propheten – und das göttliche Wort, das durch Jesus Christus selbst an uns ergeht.

Von der Ausbreitung dieser Botschaft unter den Menschen spricht das Gleichnis. Der Hörer der Botschaft wird durch das Gleichnis gefragt, wie er sich zu dem an ihn ergangenen Wort Gottes stellt. Die Gleichsetzung dessen, was Jesus Christus mit dem Wort Gottes meint, mit der anthroposophischen Weltanschauung ist nur dann richtig, wenn man dem zustimmen kann, was Steiner mit seiner anthroposophischen »Geisteswissenschaft« will: »Deshalb *glauben* wir, daß wir mit dem, was wir unsere anthroposophische Bewegung nennen, in der Tat etwas erfüllen, worauf im Evangelium zunächst hingewiesen wird: ein *neues Verständnis* entgegenzubringen dem, was der Christus in der Welt wollte.«[5] (Hervorhebungen durch E.K.)

Dieses neue Verständnis bewegt sich jedoch nicht mehr auf dem Boden des biblischen Evangeliums. Es ist eine neue Lehre, die zwar Begriffe aus dem Evangelium verwendet, diese jedoch inhaltlich völlig anders füllt, so daß ihr eigentlicher biblischer Inhalt bis zur Unkenntlichkeit verlorengeht.

In der Weihnachtsbotschaft der Engel im Lukasevangelium (Kapitel 2,14) verkünden die Engel den Hirten das Evangelium, indem sie Gott in der Höhe die Ehre geben, die ihm allein zusteht, und ankündigen, welche Wirkungen die Ankunft des Sohnes Gottes in der Krippe für die Menschen haben wird:

> Ehre sei Gott in der Höhe
> und Friede auf Erden
> und den Menschen ein Wohlgefallen.

Die inhaltlich neue Füllung des Evangeliums durch Steiner zeigt sich in dem, was er die Engel den Hirten verkündigen läßt:

> »Die Offenbarung der geistigen Welten aus den Höhen
> und ihr Spiegelbild aus den Menschenherzen heraus
> bringt den Menschen Frieden, die auf der Erde
> aus sich heraus den wahrhaft guten Willen
> im Laufe der Erdenentwicklung entfalten wollen.«[6]

Mit dem biblischen Evangelium hat diese Deutung der Engelbotschaft nichts mehr gemeinsam.

Der Inhalt des Evangeliums ist ein anderer als der, den Steiner nicht müde wurde zu verkündigen.

Im Wort des Evangeliums begegnet uns Jesus Christus selber (Johannes 1,1–18). Er, der das Wort in Person ist, kam aus der ewigen Herrlichkeit des Vaters in unsere gefallene Welt, wurde Mensch wie wir (Philipper 2,6–11), jedoch ohne Sünde, ging in die tiefste Gottverlassenheit am Kreuz und starb den Tod, den jeder Sünder verdient hätte

(Jesaja 53,4–5; 1. Petrus 2,24; Kolosser 2,14; 2. Korinther 5,19). Mit seinem Tod und seiner Auferstehung besiegte er den Fürsten dieser Welt (Johannes 12,31), Satan, den gefallenen Engel.

Das zentrale Thema in der Verkündigung Jesu Christi ist das Kommen der Herrschaft Gottes (Markus 1,15). In seiner Person ist das Reich Gottes (Gottes Herrschaft) unter den Menschen schon gegenwärtig (Lukas 17,21). In Taten und Worten, die von der Macht und Größe des Reiches Gottes künden, lädt Jesus Christus ein, an diesem Reich teilzuhaben, das er selbst aufrichtet und in dem er allein herrscht. Das Reich Gottes steht nicht unter der Verfügungsmacht der Menschen (Matthäus 13, die Gleichnisse vom Reich Gottes). Es ist nicht durch Menschen auf dieser Erde zu entwickeln. Es ist das Gegenteil von dem, was wir Menschen auf dieser Erde natürlicherweise vorfinden.

Nicht jeder Mensch hat automatisch Anteil an diesem Reich, ist ein »Bürger« dieses Reiches (Johannes 3,3–8). Voraussetzung für den Eintritt in dieses Reich ist die Buße und die Wiedergeburt aus dem Geist Gottes. Der Begriff »Wiedergeburt« meint im Neuen Testament nicht die Reinkarnation im Sinne eines wiederholten Erdenlebens, sondern die bewußte Hinwendung eines Menschen im vertrauenden Glauben an Jesus Christus (vgl. die Gleichnisse Lukas 15 vom verlorenen Schaf, Groschen und Sohn). Dieser Vorgang ist notwendigerweise mit einer Buße verbunden, da dem Menschen in der Hinwendung zu Jesus Christus seine Sündhaftigkeit bewußt wird (Lukas 5,8).

Der Mensch erfährt im Vollzug seines Glaubens existentiell, daß er die vergebende Gnade Gottes zu seiner Rechtfertigung vor dem lebendigen Gott braucht (Römer 3,22–26). So behält der Ruf Jesu bis heute seine bleibende Gültigkeit: »Tut Buße, denn das Himmelreich ist nahe herbeigekommen!« (Matthäus 4,17)

Der dritte Glaubensartikel des Apostolischen Glaubensbekenntnisses, »Ich glaube an den Heiligen Geist«, hat im anthroposophischen Denken keinen Platz, wie überhaupt im anthroposophischen Verständnis des Göttlichen die Lehre einer personalen, göttlichen Dreieinigkeit keinen Platz findet.

Seit ihren Ursprüngen bekennt die christliche Kirche, daß die dritte Person der Heiligen Dreieinigkeit, der Heilige Geist, die Christenheit auf Erden beruft, sammelt, erleuchtet, tröstet und trotz aller Gefahren, Widrigkeiten und Verfolgungen auf dem Weg der Nachfolge Jesu hält. Jesus Christus selbst hat seinen Jüngern für die Zeit nach seiner Auferstehung und Himmelfahrt diesen Tröster und Beistand verheißen.

Im Reich Gottes wirkt der Heilige Geist. Er ist die dritte Person der Heiligen Dreieinigkeit und ist als solche nicht identisch mit dem Menschengeist. Er bringt im Menschen die »Frucht des Geistes« (Galater 5,22) hervor, die der natürliche Mensch, der die Wiedergeburt aus dem Geist nicht erfahren hat, nicht aus sich heraus wachsen lassen kann.

Mit der Ausgießung des Heiligen Geistes an Pfingsten in Jerusalem kam tatsächlich etwas Neues in die Menschheit hinein, das nicht in der Kontinuität ihrer Geschichte stand (Apostelgeschichte 2).

Erfährt ein Mensch im Glauben an Jesus Christus die umwandelnde Kraft des Heiligen Geistes, so ist er »eine neue Kreatur« (2. Korinther 5,17). Er ist nicht nur ein Stück weiter in seiner evolutionären Entwicklung gekommen, sondern er ist neu geworden. Die »unmögliche Möglichkeit« (Kierkegaard) des erneuerten Lebens aus dem Glauben hat sich in ihm in der Kraft des Heiligen Geistes ereignet. Der Heilige Geist erneuert aber nicht nur das Leben des einzelnen Christen, sondern er führt und leitet ihn – in der Gemeinschaft der Gemeinde Jesu Christi – durch die Geschichte der Menschheit seiner Vollendung entgegen (Johannes 16). Er gibt auch dem einzelnen Christen Mut und Weisheit, Jesus Christus in der Verfolgungssituation vor den Mächtigen der Welt zu bekennen (Lukas 12,12).

Oft bezeugt die Bibel, daß menschliches Handeln, so großartig es auch nach außen hin scheinen mag, genau das Gegenteil ist von dem, für das wir Menschen es halten: Die Hochkulturen des Alten Orients mit ihren Religionen, deren Führer Steiner so hoch lobt und die angeblich sogar ihre geistigen Kräfte in die Vorbereitung des Leibes Jesu Christi einfließen ließen – sie sind dem Geist Gottes ein Greuel! Die Götter, deren Statuen die Hauptstädte der damaligen Großreiche schmückten, sie sind für den lebendigen Gott eine tägliche Beleidigung (Hesekiel 8; Jesaja 44,6–20; Jesaja 46–47; Hesekiel 14,4–11; Apostelgeschichte 17,16+29).

Im Urteil der Heiligen Schrift sind diese Großreiche Ausdruck eines antigöttlichen Großmachtstrebens des Menschen. Die Hybris des Menschen treibt ihn dazu, solche Machtblöcke aufzubauen und sie durch die Religion noch ins Mystische zu überhöhen (Daniel 7; Offenbarung 13).

Das Reich Gottes besteht nicht in solch einer äußerlichen Macht. Darum steht es notwendigerweise dem entgegen, was die Menschen zu allen Zeiten und in allen Kulturen immer hervorgebracht haben: Macht und Größe. Das gilt auch für den ganzen Bereich der Künste. Gerade auf dem künstlerischen Gebiet steht der Mensch in großer Gefahr, sich selbst durch die Kunst zu verherrlichen – sich selbst zum Maß aller Dinge zu erheben!

Die Botschaft des Reiches Gottes steht dem entgegen: Nicht der Mensch, so wie er sich in dieser gefallenen Welt vorfindet, bestimmt das Maß der Dinge, sondern Gott! Was gut und was böse ist, bestimmt nicht der Mensch nach dem Maß seiner Einsicht! Nach biblischem Zeugnis gibt Gott dem Menschen die Freiheit, sich für ihn oder gegen ihn zu entscheiden. Die Entscheidung, Gott zu negieren, zu leugnen, seine Herrschaft im eigenen Leben nicht zuzulassen, ist möglich (1. Mose 3; Apostelgeschichte 26,28). Der Mensch hat die Folgen dieser Entscheidung dann auch konsequent zu tragen. Und es muß in aller Deutlichkeit ausgesprochen werden, daß zu diesen Konsequenzen auch die Trennung von Gott in die Ewigkeit hinein bedeutet (Lukas 13,27–28; Lukas 16,19–31; Matthäus 25,41).

Im Gegensatz zum griechisch-antiken Denken, das den Verlauf der Geschichte in Kreisen sieht, die sich immer wiederholen, ist das jüdisch-christliche Denken linear. Die Geschichte dieser Welt hat einen von Gott gesetzten Anfang und ein von Gott gesetztes Ende (1. Mose 1,1; Hiob 38–39; Apostelgeschichte 17,31). Derselbe Gott, der durch sein Wort den gesamten Kosmos ins Leben rief, der wird am Ende der Geschichte die Menschheit richten und einen neuen Himmel und eine neue Erde schaffen (Jesaja 65,17; Offenbarung 20,11–14; 21). Dieses Verständnis der menschlichen Geschichte steht auch dem Denken der asiatischen Hochkulturen diametral entgegen.

»Es ist dem Menschen gesetzt, einmal zu sterben, danach aber kommt das Gericht« (Hebräer 9,27), diese Aussage des Hebräerbriefes gegen jede Reinkarnationslehre ist eindeutig und klar.

Ein zentraler Einwand des christlichen Glaubens gegen die anthroposophische Geisteswissenschaft richtet sich gegen die Art und Weise, wie sie die Ergebnisse ihrer Forschung gewinnt: durch Forschung im *Okkulten!* In mehr als vierzig Stellen des Alten und Neuen Testaments werden wir unmißverständlich vor okkulten Praktiken wie Hellsehen usw. gewarnt, z.B. 3. Mose 19,26.31; 5. Mose 18,9–12; 1. Samuel 28.

Im Neuen Testament kommt die Ablehnung der Wahrsagerei besonders deutlich im Bericht von der Austreibung des Wahrsagegeistes durch den Apostel Paulus in Apostelgeschichte 16,16–22 zum Ausdruck.

Die geistigen Wesen, mit denen der Mensch auf diesem Weg in Verbindung tritt, offenbaren dem Menschen nicht den Willen Gottes, sondern sie nehmen ihn unter ihre Herrschaft gefangen! Dieser Zustand führt den Menschen nicht in die Gottesnähe, sondern in die Gottesferne!

Auch wenn die okkulte Forschung im Gewand einer sogenannten Geistes-»Wissenschaft« auftritt, bleibt sie für Christen, was sie nach dem Urteil der Heiligen Schrift ist: Dienst an fremden Göttern. Und damit Verleugnung des lebendigen Gottes, der sich in seinem Sohn Jesus Christus der Welt offenbart hat!

Es mag zutreffen, was Steiner in seiner Schrift »Anthroposophie und Christentum« für die Zukunft voraussagt: »Weil der Geistesforscher durch die erschütternden Ereignisse seines Seelenlebens, durch das, was er objektiv durchgemacht hat, weiß, was in den Tiefen der Menschenseele lebt, und weil er durch seine Forschungen Vertrauen zur Menschenseele gewinnt, weil er sieht, daß die Menschenseele die innigste Verwandtschaft hat mit der Wahrheit, *so glaubt er*, wie auch die Zeichen in der Gegenwart gegen die Geisteswissenschaft sprechen mögen, doch an den *endlichen Sieg* der Geisteswissenschaft«[7] (Hervorhebungen durch E.K.).

Wenn die Christenheit sich auf den Weg der anthroposophischen »Geisteswissenschaft« begibt, um an diesem »Sieg der Geisteswissenschaft« teilzuhaben, dann wird sie vielleicht irgendwann mit der Anthroposophie vor der Welt glänzen – aber sie wird die Kraft und die Vollmacht, die der Auferstandene ihr zugesagt hat, verlieren.

Es gehört zum Wesen des menschlichen Lebens, daß wir die tiefsten Zusammenhänge unserer Lebensführung hier auf Erden noch nicht erkennen können. Unser menschliches Erkenntnisvermögen ist begrenzt und endlich. Viele Fragen nach dem Warum und Wozu mancher Lebenswege müssen offen bleiben. Hier helfen keine Erkenntniswege in die »höheren Welten« des Geistes. Sie lenken nur ab von dem Trost, den Jesus Christus seinen Jüngern im Blick auf die Leiden, die vor ihnen liegen, zuspricht: An dem Tag, an dem sie mit ihm zusammen in der Herrlichkeit Gottes sein werden, da »werdet ihr mich nichts fragen« (Johannes 16,23).

An diesem Tag werden auch die dunklen Dinge unseres Lebens, die uns jetzt noch belasten und unseren Weg schwer machen, klar und offenbar sein. Wir werden erkennen, warum wir diesen Lebensweg geführt wurden und keinen anderen.

Dazu gehört auch die ungeheuere Zusage: »Und Gott wird abwischen alle Tränen von ihren Augen, und der Tod wird nicht mehr sein, noch Leid noch Geschrei noch Schmerz wird mehr sein« (Offenbarung 21,4)!

Nicht die Vorbereitung auf eine neue Inkarnation erwartet der Christ am Ende seines Lebensweges, kein neues Karma, sondern die Freude darüber, daß sein Leben einmündet in die ewige, ungetrennte Gemeinschaft mit Gott. Zu dieser Freude gehört es auch, daß unsere ungelösten Fragen dort ihre Antwort finden. Nicht vorher! Der Apostel Paulus bekennt demütig: »Jetzt erkenne ich stückweise; dann aber werde ich erkennen, gleichwie ich erkannt bin« (1. Korinther 13,12).

Darum warnt Paulus die Christen in Korinth ausdrücklich davor, ihren Glauben, der doch der Grund ihres Lebens ist, auf trügerische Menschenweisheit aufzubauen. Das griechische Wort, mit dem er in 1. Korinther 2,5 die menschliche Weisheit bezeichnet, lautet »sophia anthrópon« – Anthroposophie! Eine Christenheit, die ihren Grund und ihre Hoffnung auf menschliche Weisheit gründet, verrät ihren gekreuzigten und auferstandenen Herrn und Erlöser.

Nicht das Erforschen außersinnlicher Erfahrungen und Erkenntnisse wurde den Jüngern von Jesus Christus als Auftrag gegeben – sondern die Verkündigung des Evangeliums in Wort und Tat.

Zur Erfüllung dieses Auftrags ist keine Erkenntnisschulung im Sinne Steiners notwendig, sondern das ehrliche Gebet aus Psalm 43,3: »Sende Dein Licht und Deine Wahrheit, daß sie mich leiten!« Dieses Gebet weist den Weg heraus aus allen okkulten Verstrickungen und Spekulationen – hinein in die »herrliche Freiheit der Kinder Gottes« (Römer 8,21).

Hier regiert nicht das gnadenlose Gesetz des Karma, sondern die Liebe Gottes, die Schuld und Fehler auslöscht.

ANMERKUNGEN

Vorwort

[1] Andreas Binder: Wie christlich ist die Anthroposophie? Stuttgart 1989, S. 9
[2] ebenda
[3] ebenda, S. 199
[4] ebenda
[5] Flensburger Hefte, Nr. 15, Dezember 1987, S. 101
[6] Bernhard Grom: Anthroposophie und Christentum, München 1989, S. 86

1. Wie christlich ist die Anthroposophie?

[1] Steiner: Anthroposophische Leitsätze, Dornach 1989, S. 14
[2] Steiner: Handschriften zur Weihnachtstagung, Dornach 1985, S. 11
[3] Hutten: Seher, Grübler, Enthusiasten, Stuttgart 1968, S. 397–398
[4] ebenda, S. 398
[5] Binder: S. 18
[6] ebenda
[7] ebenda, S. 28
[8] ebenda
[9] ebenda
[10] ebenda, S. 29
[11] ebenda
[12] ebenda, S. 30
[13] ebenda, S. 29f
[14] ebenda, S. 30
[15] ebenda
[16] ebenda
[17] ebenda, S. 16
[18] ebenda
[19] ebenda, S. 85
[20] ebenda, S. 169
[21] ebenda, S. 176
[22] ebenda, S. 170
[23] ebenda, S. 16
[24] ebenda, S. 170
[25] ebenda, S. 175
[26] ebenda, S. 198
[27] ebenda
[28] ebenda, S. 199

[1] Gerhard Wehr: Rudolf Steiner, München 1987, S. 54
[2] Steiner: Anthroposophische Leitsätze, S. 14
[3] Steiner: Das Lukas-Evangelium, Dornach 1987, S. 11
[3a] Steiner: Die Ätherisation des Blutes, Dornach 1980, S. 28
[4] ebenda
[5] ebenda, S. 13
[6] ebenda
[7] ebenda, S. 10
[8] ebenda, S. 19
[9] ebenda, S. 20
[10] ebenda, S. 18f
[11] ebenda, S. 21
[12] Steiner: Das Johannes-Evangelium, Dornach 1984, S. 28f
[13] ebenda, S. 29–31
[14] ebenda, S. 119
[15] Steiner: Das Markus-Evangelium, Dornach 1988, S. 36f
[16] ebenda, S. 35
[17] ebenda, S. 34
[18] ebenda, S. 35
[19] ebenda, S. 34
[20] Otto Fränkl-Lundberg: Was ist Anthroposophie?, Dornach 1981, S. 9f
[21] Steiner: Wie erlangt man Erkenntnisse der höheren Welten?, Dornach 1972, S. 48
[22] ebenda, S. 70
[23] ebenda, S. 74f
[24] ebenda, S. 41
[25] ebenda, S. 135
[26] ebenda, S. 84
[27] ebenda, S. 112
[28] ebenda, S. 21
[29] Steiner: Theosophie, Stuttgart 1962, S. 10
[30] Steiner: Das Lukas-Evangelium, S. 215
[31] ebenda
[32] Steiner: Christologie, Stuttgart 1986, S. 214
[33] ebenda, S. 221
[34] ebenda, S. 222
[35] ebenda, S. 224
[36] ebenda, S. 225
[37] ebenda, S. 226
[38] ebenda, S. 227
[39] ebenda, S. 228
[40] ebenda

3. Christliche Glaubensinhalte in der Sicht R. Steiners

[1] Steiner, Aus der Akasha-Chronik, Dornach 1987, S. 132
[2] ebenda, S. 130
[3] ebenda, S. 152f
[4] Steiner: Reinkarnation und Karma. – Wie Karma wirkt, Stuttgart 1961, S. 76
[5] ebenda, S. 76f
[6] ebenda, S. 77
[7] ebenda, S. 78f
[8] ebenda, S. 79
[9] ebenda, S. 80
[10] ebenda, S. 82
[11] ebenda, S. 86
[12] ebenda, S. 85f
[13] ebenda, S. 86
[14] ebenda
[15] ebenda, S. 87
[16] ebenda
[17] Steiner: Das Johannes-Evangelium, S. 277f
[18] ebenda, S. 278
[19] Steiner: Das Lukas-Evangelium, S. 82–84
[20] ebenda, S. 84
[21] ebenda, S. 84f
[22] ebenda, S. 85
[23] ebenda, S. 86f
[24] ebenda
[25] ebenda, S. 88f
[26] ebenda, S. 89
[27] ebenda, S. 90
[28] ebenda, S. 101
[29] ebenda, S. 96f
[30] ebenda, S. 98
[31] ebenda, S. 102
[32] ebenda, S. 103f
[33] ebenda, S. 103
[34] ebenda, S. 105
[35] ebenda
[36] ebenda, S. 106
[37] ebenda, S. 105
[38] ebenda, S. 109
[39] ebenda, S. 108
[40] ebenda, S. 109
[41] ebenda

[42] ebenda
[43] ebenda, S. 110
[44] ebenda, S. 136
[45] Steiner: Das Lukas-Evangelium, S. 137
[46] ebenda
[47] Seiner: Aus der Akasha-Forschung. Das Fünfte Evangelium, Dornach 1985, S. 57
[48] ebenda, S. 58
[49] ebenda, S. 59
[50] ebenda, S. 60
[51] ebenda
[52] ebenda, S. 61
[53] ebenda, S. 62
[54] ebenda, S. 63
[55] ebenda, S. 63f
[56] ebenda, S. 65
[57] ebenda, S. 66
[58] ebenda, S. 66f
[59] ebenda, S. 68
[60] ebenda, S. 69
[61] ebenda
[62] ebenda, S. 70
[63] Steiner: Das Lukas-Evangelium, S. 137
[64] ebenda, S. 138f
[65] Steiner: Das Johannes-Evangelium, S. 178
[66] ebenda, S. 185
[67] ebenda, S. 179
[68] ebenda, S. 185
[69] Steiner: Das Christentum als mystische Tatsache und die Mysterien des Altertums, Stuttgart 1961, S. 84
[70] ebenda
[71] ebenda, S. 85
[72] ebenda, S. 90
[73] ebenda, S. 92
[74] ebenda, S. 93
[75] ebenda
[76] ebenda
[77] ebenda
[78] ebenda,S. 91f
[79] ebenda, S. 94
[80] ebenda, S. 95
[81] ebenda
[82] ebenda
[83] Steiner: Das Markus-Evangelium, S. 175

[84] ebenda, S. 175f
[85] ebenda, S. 176
[86] ebenda
[87] ebenda
[88] ebenda, S. 177
[89] ebenda, S. 178
[90] Steiner: Aus der Akasha-Forschung. Das Fünfte Evangelium, S. 200
[91] ebenda, S. 201
[92] ebenda, S. 203
[93] ebenda, S. 204
[94] ebenda, S. 205
[95] ebenda, S. 204
[96] Steiner: Christologie, S. 230
[97] ebenda, S. 231
[98] ebenda, S. 241
[99] ebenda, S. 243
[100] ebenda
[101] ebenda, S. 245
[102] ebenda
[103] ebenda, S. 247
[104] ebenda, S. 248
[105] ebenda, S. 249
[106] ebenda, S. 259
[107] ebenda, S. 261
[108] ebenda, S. 261f
[109] ebenda, S. 262
[110] ebenda, S. 251
[111] ebenda, S. 264
[112] ebenda
[113] Theo Sorg: Wenn ihr aber betet, Stuttgart 1973, S. 14f
[114] Steiner: Das Vaterunser, eine esoterische Betrachtung, Dornach 1976, S. 24
[115] ebenda, S. 25
[116] ebenda, S. 21f
[117] ebenda, S. 22
[118] ebenda, S. 23
[119] ebenda, S. 7f
[120] ebenda, S. 8
[121] ebenda, S. 23
[122] ebenda, S. 9
[123] ebenda, S. 8f
[124] ebenda, S. 24
[125] ebenda
[126] ebenda, S. 7

[127] ebenda, S. 24f
[128] Steiner: Pfade der Seelenerlebnisse, Dornach 1984, S. 175
[129] Steiner: Pfingsten – das Fest der freien Individualität, Dornach 1988, S. 33
[130] ebenda, S. 34
[131] ebenda, S. 35
[132] ebenda
[133] ebenda, S. 36
[134] ebenda, S. 37
[135] ebenda, S. 38
[136] ebenda, S. 38f
[137] Steiner: Das Pfingstfest des seelischen Zusammenstrebens und des Arbeitens an der Vergeistigung der Welt, Dornach 1988, S. 9
[138] ebenda
[139] ebenda, S. 12
[140] ebenda, S. 11f
[141] ebenda, S. 12f
[142] ebenda, S. 14
[143] ebenda, S. 17
[144] ebenda, S. 16
[145] ebenda, S. 17f
[146] ebenda, S. 19
[147] ebenda, S. 18
[148] ebenda, S. 19
[149] ebenda, S. 20
[150] ebenda, S. 19f
[151] ebenda, S. 20
[152] Steiner: Pfingsten – das Fest der freien Individualität, S. 42
[153] ebenda
[154] ebenda, S. 43
[155] ebenda, S. 43f
[156] ebenda, S. 44
[157] ebenda
[158] ebenda, S. 45
[159] ebenda, S. 47f
[160] Steiner: Welten-Pfingsten, die Botschaft der Anthroposophie, Dornach 1979, S. 19
[161] ebenda, S. 20

4. Die Anthroposophie – eine Religion?

[1] Fränkl-Lundberg: Was ist Anthroposophie?, S. 9f
[2] Steiner: Das Johannes-Evangelium, S. 263
[3] ebenda,S. 264

[4] ebenda
[5] Fränkl-Lundberg: Anthroposophie, S. 20
[6] Steiner: Reinkarnation und Karma, S. 82
[7] ebenda
[8] ebenda, S. 88
[9] Steiner: Die Theosophie des Rosenkreuzers, Dornach 1989, S. 165
[10] ebenda
[11] ebenda, S. 165f
[12] Steiner: Von Jesus zu Christus, Dornach 1989, S. 220
[13] ebenda
[14] ebenda, S. 216
[15] ebenda, S. 222
[16] ebenda, S. 88
[17] ebenda, S. 88f

5. Grundgedanken der anthroposophischen Pädagogik

[1] Steiner: Der pädagogische Wert der Menschenerkenntnis und der Kulturwert der Pädagogik, Dornach 1989, S. 175
[2] »Waldorfschule heute«, Sonderheft der »Erziehungskunst« 8/9, 1989 (hrsg. v. Bund der Freien Waldorfschulen, Stuttgart), S. 704
[3] »Der Leserkreis um Rudolf Steiner«, hrsg. v. Lehrerkollegium der Freien Waldorfschule Stuttgart-Uhlandshöhe, Stuttgart 1979, S. 406
[4] Steiner: Der pädagogische Wert, S. 13f
[5] ebenda, S. 16
[6] ebenda, S. 25f
[7] ebenda, S. 28f
[8] ebenda, S. 37
[9] ebenda, S. 7
[10] ebenda, S. 40f
[11] ebenda, S. 41f
[12] Steiner: Die Methodik des Lehrens und die Lebensbedingungen des Erziehens, Dornach 1986, S. 87
[13] Steiner: Die Kunst des Erziehens aus dem Erfassen der Menschenweisheit, Dornach 1989, S. 141
[14] Steiner: Der pädagogische Wert, S. 174
[15] Steiner: Die Kunst des Erziehens, S. 141
[16] ebenda, S. 142
[17] ebenda
[18] ebenda
[19] ebenda, S. 141f

6. Leben unter dem Gesetz des Karma ...

[1] Steiner: Von Jesus zu Christus, S. 209

[2] ebenda
[3] Steiner: Das Lukas-Evangelium, S. 158
[4] ebenda, S. 160f
[5] Steiner: Das Markus-Evangelium, S. 179
[6] Steiner: Das Lukas-Evangelium, S. 216
[7] Steiner: Anthroposophie und Christentum, Dornach 1990, S. 35

Lebensdaten Rudolf Steiners

1861, 27. Februar	Rudolf Steiner wird im österreichisch-ungarischen Karljevec geboren
1879–1883	Studium an der Technischen Hochschule in Wien
1882	Herausgabe der »Naturwissenschaftlichen Schriften« Goethes
1890	Übersiedlung nach Weimar
1893, 15. November	»Die Philosophie der Freiheit« erscheint
1897	Übersiedlung nach Berlin
1899–1904	Lehrer an der Berliner Arbeiterbildungsschule
1899, 31. Oktober	Heirat mit Anna Steiner verw. Eunike (1853–1911)
1902	Leitung der deutschen Sektion der Theosophischen Gesellschaft, Generalsekretär. »Das Christentum als mystische Tatsache« erscheint
1903, Anfang	zieht das Ehepaar in die Seestr. 40, wo Steiners Mitarbeiterin Marie von Sievers wohnt
1903, Oktober	Umzug in die Motzstr. 17, wo die Zentrale der theosophisch-anthroposophischen Arbeit entsteht
1904, Frühjahr	Das Ehepaar Steiner trennt sich
1904	»Theosophie – Einführung in übersinnliche Welterkenntnis und Menschenbestimmung«
	»Wie erlangt man Erkenntnisse der höheren Welten?«
1913, 3. Februar	konstituierende Generalversammlung der Anthroposophi-

	schen Gesellschaft. Ausschluß aus der Theosophischen Gesellschaft
1913, 20. September	feierliche Grundsteinlegung des ersten Goetheanums in Dornach
1914, 24. Dezember	Eheschließung mit Marie von Sievers in Dornach
1919, 7. September	feierlich Eröffnung der ersten Freien Waldorfschule in Stuttgart
1922, 16. September	Gründung der »Christengemeinschaft«. Die erste »Menschenweihehandlung« findet statt
	Silvesterabend: Das erste Goetheanum brennt nieder
1923, 25. Dezember bis	1. Januar 1924 Gründung der »Allgemeinen Anthroposophischen Gesellschaft« in Dornach
1925, 30. März	Tod Rudolf Steiners in Dornach. Seine Asche wird im Goetheanum beigesetzt

Quelle: Christoph Lindenberg, Rudolf Steiner, eine Chronik, Stuttgart 1988

Jürgen Spieß

Jesus für Skeptiker

96 Seiten, R. Brockhaus Taschenbuch, Bestell-Nr. 22037

»Die Christen müßten erlöster aussehen, wenn ich an ihren Erlöser glauben soll« (Fr. Nietzsche). – »Christen sind auch keine besseren Menschen. Das Christentum hat also versagt.« – »Wie paßt das zusammen – Leid und Liebe Gottes?« Diese und andere skeptische Fragen und Aussagen behandelt das Buch.

Bernd Schlottoff

Das einfache Evangelium
Christ werden – Christ bleiben

96 Seiten, R. Brockhaus Taschenbuch, Bestell-Nr. 220470

Das einfache Evangelium ist die Mitte aller klugen theologischen Gedanken und Diskussionen. Wie kann es praktisch gelebt werden?

Michael Dieterich (Hrsg.)

Wenn der Glaube krank macht
Psychische Störungen und religiöse Ursachen

112 Seiten, R. Brockhaus Taschenbuch, Bestell-Nr. 220468

Die provozierende These, daß psychische Störungen religiöse Ursachen haben können, wird hier aus unterschiedlichen Blickwinkeln betrachtet: Neben dem Theologen kommt der Arzt und Psychotherapeut ebenso zu Wort wie der Pädagoge.

Siegfried Meier

Weiße Kleider – goldene Flügel?
Die Engel – Gottes Boten

104 Seiten, R. Brockhaus Taschenbuch, Bestell-Nr. 220471

Von Engeln ist bei uns nicht nur zur Weihnachtszeit die Rede. Ganzjährig hören und sehen wir Fernsehserien, Spielfilme, Lieder aller Art, die »Engel« im Titel führen. Aber welche Engel sind damit gemeint? Gibt es »Engel« überhaupt? Was weiß man über sie? Wie sehen sie aus? Haben sie Flügel oder nicht?

Klaus Vollmer

Nichts kann uns scheiden von der Liebe Gottes

Glaubenskurs Römerbrief. Eine Einführung

176 Seiten, R. Brockhaus Taschenbuch, Bestell-Nr. 20377

In jeder Zeit mußte und muß die biblische Botschaft neu verstanden, geglaubt und gelebt werden. Vollmers Rat: Wer sich als Christ nicht mit einer kurzen Jesus-Begeisterung zufriedengeben will, der greife zum Römerbrief.

Ole Hallesby

Wie ich Christ wurde

128 Seiten, R. Brockhaus Taschenbuch, Bestell-Nr. 220007

Es ist sehr wertvoll, daß O. Hallesby, als ordentlicher Professor der Theologie, mit so klaren Worten nicht nur Rechenschaft über seinen persönlichen Glauben gibt, sondern auch zugleich ernsthaft suchenden Menschen einen praktischen Weg zum wahren Christenleben zeigt.

Karl-Heinz Walper

Ich suchte die neue Zeit und fand Gott

144 Seiten, R. Brockhaus Taschenbuch, Bestell-Nr. 220435

Ein Manager berichtet: Er wollte mit Hilfe der Esoterik ein »Wissender« und »Erleuchteter« werden. Fernöstliche Religionen, Humanismus und Astrologie erschienen ihm als der moderne und vielversprechende Weg zu einer neuen Menschheit und einer neuen Zeit. Seine Ziele waren Selbstverwirklichung und ein Denk- und Lebensgebäude, das Esoterik und Wissenschaft miteinander verband.

Arthur Richter

Auf der Suche nach Freiheit

144 Seiten, R. Brockhaus Taschenbuch, Bestell-Nr. 220023

Hat das Christsein noch einen Sinn? Stehen hinter den Aussagen von der Freiheit der Kinder Gottes Wirklichkeiten, die heute erlebt und erfahren werden können? Glauben – wie macht man das? Das sind etwa die Fragen, die den Hintergrund dieser Briefe an Freunde bilden. Die Antworten sind persönlich gehalten und ganz unbelastet von frommem Ballast.